JN070134

Jeanne Damas
avec Lauren Bastide

à Paris
パリと生きる女たち

anonima st.

À PARIS by Jeanne Damas with Lauren Bastide
© Éditions Grasset et Fasquelle, 2017
Published by special arrangement with Éditions
Grasset et Fasquelle in conjunction with
their duly appointed agent 2 Seas Literary
Agency and Tuttle-Mori Agency, Inc.

À notre ville,
avec amour.

私たちの町へ、愛を込めて

Table des matières 目次

Notre Paris. 私たちのパリ

Plan de Paris. パリの地図

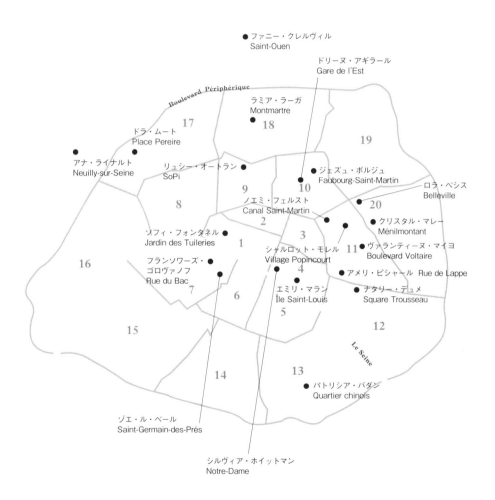

● ファニー・クレルヴィル
Saint-Ouen

ドリーヌ・アギラール
Gare de l'Est

Boulevard Périphérique

ラミア・ラーガ
Montmartre
● **18**

17

ドラ・ムート
Place Pereire

アナ・ライナルト
Neuilly-sur-Seine
●

リュシー・オートラン ●
SoPi

19

ジェズュ・ボルジュ ●
Faubourg-Saint-Martin

ロラ・ベシス
Belleville

9
● **10**

8

ノエミ・フェルスト
Canal Saint-Martin
2

● **20**

クリスタル・マレー
Ménilmontant ●

3

ソフィ・フォンタネル ●
Jardin des Tuileries

1

シャルロット・モレル
Village Popincourt

11 ●
ヴァランティーヌ・マイヨ
Boulevard Voltaire

16

フランソワーズ・
ゴロヴァノフ
Rue du Bac
7 ●

6

4

エミリ・マラン
Île Saint-Louis ●

アメリ・ピシャール ● Rue de Lappe

ナタリー・デュメ
Square Trousseau

5

12

15

14

13

Le Seine

パトリシア・バダン
Quartier chinois ●

ゾエ・ル・ベール
Saint-Germain-des-Prés

シルヴィア・ホイットマン
Notre-Dame

＊パリの町は20区に分かれている。住所の末尾「750××」はパリ市内の郵便番号で、うしろの2桁が何区かを示している。

Avant-propos

プロローグ

　パリに暮らす女性たち。パリを舞台に人生を謳歌する女性たちに出会うため、町に出て、歩き回ろう。このアイデアがジャンヌと私の中に芽生えたのは、2016年4月のことだった。パリは春。そう、エラ・フィッツジェラルドとルイ・アームストロングが歌った「パリの4月」だ。そして、パリの春に必要なものは、すべてそろっていた。マロニエの木は花を咲かせ、セーヌ川には太陽がきらめき、私たちは、カフェのテラスで薄手のセーターからあらわになった鎖骨のあたりを寒さに震わせていた。テーブルの下には、楽し気に物があふれたハンドバッグ。11区、オベルカンフのカフェ「オ・ドゥ・ザミ」。いつもと変わらないパリの春。けれど、やはりいつもとは、少し違っていた。パリの町はまだ、うちのめされ、途方にくれていた。その半年前の2015年11月、カフェのテラスを、人々が楽しく遊ぶ夜の町を、凶弾が襲った。陽気な若者たちの命が、無残に奪われた。その後の冬を、パリの人たちはどう過ごしたか。自分たちが一番得意なことをして過ごしたのだ。酒を飲み、語り合い、愛し合った。ただしそこには、常に不安がつきまとっていた。いつでも背後を気にせずにはいられなかった。誰もが自分たちのやり方で、喪に服した冬だった。そしてパリはまた、元気に立ち上がろうとしていた。傷を負っていたが、誇りに満ちていた。あの日、カフェのテラスで、再び目覚めるパリの身震いが、私たちにはたしかに感じられた。

　パリの女性たちに話を聞きに行こう。そう決めた私たちは、2016年の4月から12月まで、パリの町を歩き回った。その間いつも、不思議な感覚に包まれていた。それは、悲しみやつらさではなかった。むしろ逆だった。カフェのテラスに座る人たちを見ると、私たちの心は歓びで満たされ、彼らを抱きしめたくなった。メトロの中で隣り合わせる人の頬に、キスをしたくなった。私たちは、パリが愛しくて仕方なかった。あんな出来事があった後、その気持ちはさらに強いものになっていた。パリの傲慢さ、不器用さ、そしてシンプルさが愛しくてたまらなかった。そこに暮らす女性たちを愛さずにいられなかった。思えば、パリの町そのものも、ひとりの女性と言えないだろうか？

　あの春の日、いかにもパリらしいカフェのテラスに座っていた私たち。たばこを吸い、白ワインのグラスを手にした私たちは、どちらも笑ってしまうくらいパリジェンヌそのものだった。シンプルな服を合わせ、自分たち流のおしゃれを楽しむ着こなし。破れたジーンズにカシミアのセーター。薄手のワンピースにトレンチコート。ジャケットの袖をまくって羽織り、いつでも踊りに行けるよう、足元は、履き古したぺたんこのバレエシューズ。こういった、神話的と言ってもいいようなパリジェンヌらしい着こなしの魅力は、これまで何度となく紹介されてきた。私たち以前にも様々な人によって、パリジェンヌの魅力は探求され、伝えられてきた。どことなく憎めない生意気さ、人を食ったような態度、気まぐれ。横断歩道なんかなくても平気な顔をして道を渡るようなところ、そしてクラクションを鳴らす車に中指を立てるようなところ、別れた恋人からの1年以上も待った電話にわざと出ないようなところ。ひとことで言えば、誰に何を言われようと、まったく気にしないところ。

　こういった現代のヒロインとも言えるパリジェンヌらしさが、自分たちの中にあることに気づく瞬間を、私たちは何度も楽しんだ。けれど、それと同時に気づいたのは、パリジェンヌというのは、多くの人がイメージするような、理想の女性でも夢のような女性でもない、ということだ。かといって、個性的なファッションに身を包み意気揚々と町を行く、そんな若い女性でもない。パリジェンヌは、そういったイメージだけにおさまらない存在だ。現に私たちは、星の数はどいろいろなパリジェンヌを知っている。例えば、パリ郊外のオーベルヴィリエでスタートアップ企業を立ち上げた女性、バスティーユの近くで3人の子どもを育てる女性、レピュブリック広場で抗議活動をする女性、プラス・ディタリー界隈でヒップホップを踊る女性、ベルヴィル地区で陶芸をする女性、パラディ通りでレストランを開く女性、リュクサンブール公園のそばで映画を撮る女性。私たちの知っているパリジェンヌたちは、こんなにみんな違っている。サン・ジェルマン大通りで猫と暮らし、大きなソファに横たわって、ボーヴォワールの短編集を読むような、そんなステレオタイプなパリジェンヌはいない。

　私たちは、あらためて「真のパリジェンヌとは」ということを論じようとも、いわゆる「パリジェンヌ」という存在そのものを否定しようとも思っていない。パリジェンヌは確かに存在する。この本のために20人ものパリジェンヌに会ったのだから、それはわかっている。ただ、もしパリジェンヌに定義を与える共通分母のようなものがあるとするならば、それは服の着こなしや話し方ではなく、パリという町での暮らし方にあるのではないかと思うのだ。

　様々に異なる場所からやってきて、それぞれの道のりを経てパリの町に暮らす生身のパリジェンヌたちに会いに行きたい。そんな思いから、この本は生まれた。ひとりひとり、まったく異なるパリジェンヌらしさを見せる20人の女性たちを通して、パリジェンヌの印象主義的なポートレイトを描きたいと思った。パリの町での暮らし方、パリの町との関係を彼女たちに聞いていきながら、パリジェンヌという存在に新しい生命を吹き込みたかった。

　この本の著者のひとり、ジャンス・ダマスは生まれも育ちもパリ11区。今も11区のモーリス・ガルデット広場を見下ろすアパルトマンに暮らしている。彼女は地元で有名なレストランオーナーの娘だ。父親は長いこと、レストラン「ル・スクワール・トゥルソー」を経営していた。彼女は土曜日になると、アリーグル市場に買い物に行き、日曜の骨董市で見つけた花瓶にひと抱えの花を思いつくままに生け、楽しんでいる。この文章を書いている私、ローレンは、パリ9区に暮らすようになって12年が経ったところ。最新型のベビーカーにわが子を乗せてマルティール通りを歩き、週末には何キロもあろうかという新聞・雑誌を買い込み、行きつけの健康食レストランでオーガニックなサラダを食べる。私たち二人をパリジェンヌにしているものがあるとすれば、それはまずこの町での暮らし方、日常の過ごし方なのだろう。4月のあの日、カフェのテラスで、私たちが思いついたのはそのことだった。パリジェンヌたちの日常生活を、彼女たちとパリの町との関係を見に行こう。しかも、一番パリジェンヌらしい方法で。そう、パリの町を歩くのだ。

　こうして私たちは町に出た。私は取材用のノートを小脇に抱え、ジャンスはオリンパスのカメラを首からさげて。取材する女性は、計算抜きで直感的に選んだ。インスタグラムで偶然見つけた女性もいるし、バーのカウンターで隣り合わせ、雷に打たれたように魅了された女性もいた。時には、私たちが敬愛する友人の友人、友人の母親や祖母にまで会いに行った。あらゆるタイプの女性を網羅しようなんて意図はまったくなかった。私たちは人類学者でも社会学者でもないのだから。ただ、彼女たちはみな、私たち二人と同じようにファッションやメディア、カルチャーやアートの世界にいる人たちだ。この9か月間私たちが取材をしていく中で出会った、私たち二人が知っているパリジェンヌたちだ。

　20人の女性たちにインタビューをするたび、私たちは多くのことを確信し、そしてそれと同じくらいの新しい発見をした。彼女たちは、パリジェンヌの暮らしに特徴的なことは何なのかを、私たちに教えてくれた。そして、パリでの生活の魅力を支えている、多くのディテールについて情報をくれた。私たちが信じて疑わなかったことに、異論を唱えることもあったし、私たちが直感的に感じていた多くのことに同意し、それを確信に変えてくれたりもした。ボートで水上生活をしている女性、昔、住み込みのお手伝いさんが暮らしていた小さな屋根裏部屋に暮らす女性、ひっそりとした中庭の奥にある塔のような建物の14階に暮らす女性。みな様々に異なる場所、社会環境、文化的背景からやってきた女性たち。けれど、彼女たちに共通することがひとつある。それは、自分らしくいる勇気を持っている、ということ。私たちが、この20人のパリジェンヌたちを選んだ理由は、ひとりひとりが他の人にない、特別な何かを持っていることだった。「その人だけの、もうワンポイントの魅力」。ジャンヌはこの言葉が大好きだ。それはもしかすると「イット・ガール」の「イット」にあたるものかもしれない。彼女たちはみな、インタビューと写真撮影のため、パリのお気に入りの場所に私たちを連れて行ってくれた。そして、パリの女性たちが、パリの町と一体をなしているということを証明してくれた。こうして町を歩いているうちに、気づいたことがある。私たちはパリジェンヌだけでなく、パリの姿も描き出すことができているのではないか。何も驚くことではない。唯一の本当のパリジェンヌ、それは他ならぬパリの町なのだから。

ローレン・バスティード、ジャンヌ・ダマス
2017年5月30日　パリにて

Rue de Lappe
avec Amélie Pichard

11区　ラップ通り
アメリ・ピシャール

木の生い茂る中庭
2匹の猫
パメラ・アンダーソン
チアシードをひとつかみ

　パリジェンヌならばその多くが、とりわけファッションを愛する人ならばそのほとんどが、アメリ・ピシャールの名前を知っているはず。2010年、自分の名を持つ靴のブランド「アメリ・ピシャール」を立ち上げると、彼女はファッション界で誰もが知る存在になっていった。まず、ピンクの人工スエードを使ったパンプスが大人気に。そして、モデルのパメラ・アンダーソンと一緒に作ったキラキラ光るフリンジのミュール。赤毛のモデルたちが、サロペットをはいて田舎道を行く広告写真も話題になった。アメリが作るものは、彼女自身にとてもよく似ている。私たちは、彼女のアパルトマンを訪れる日を、楽しみにしていた。そして6月のある朝、パリの中でもとりわけパリらしさの残る地区にある、彼女の自宅に行く日がついに来た。バスティーユ広場を取り囲むように、石畳の小道が入り組んだ迷路のような一角。木骨を組んだコロンバージュ建築の入口。ちょっとゆがんだ階段。古き良きパリが何もかも、そこにはあった。階段を4階まで上ると、彼女は陽気な挨拶で私たちを迎え入れてくれた。美しい赤毛をヴィンテージのTシャツの肩で揺らし、Tシャツの裾は細身のリーバイス501の中。まさに、私たちが思い描いていたアメリだった。

自分のテイストや世界観を、服の着こなしや部屋のインテリアの中に徹底的に表現する。これはパリジェンヌにとって大切な生活の流儀。パリジェンヌが自分の部屋を居心地のいい隠れ家にするために費やすエネルギーを考えたら、「インテリア」なんてことばで表現するのでは軽すぎるかもしれない。きっと自分の部屋を去ることになれば、たっぷり何時間ももだえ苦しむはず。そしてこの自分の部屋に対する愛着という点で、アメリは誰にも負けない。部屋の中を見回せば、何ひとつ質問しなくても、彼女がどんな人なのかわかる。部屋の中にはたくさんの、1960年代のアメリカのオブジェ。アメリにとって大切な、インスピレーションの源だ。入口近くの壁には古びた作り物の足が飾ってある。かつてパリ12区にある整形外科医のもとで、本当に履きやすい靴とはどういうものかを勉強していた時の思い出の品だ。

アメリは、たとえ朝の10時であっても、訪れた人を気楽にあたたかく迎え入れることのできる人だ。彼女の部屋に通されて、ほんの数分後には、私たちは裸足でベルベットのソファにゆったりと座り、2匹の大きなペルシャ猫たちに足をなでられていた。この猫たちは、アメリの実家と半々で暮らしているらしい。アメリは、この隠れ家のような彼女だけの世界で、快適に暮らしている。そしてその世界は、苔でおおわれた石畳の小さな中庭にまで続いていた。「この間菜園を作ったのよ。トマトとか、ハーブ、イチゴなんかを植えたわ。それからもう少ししたら、腐葉土をためておく木の箱を作るつもりなの」。彼女はちょっとうれしそうに言った。「10年前には、まだヤギとかニワトリがいたのよ」。中庭に面して建っている小さな家は、かつてこの建物の管理人が住んでいたが、ある日空きが出た。彼女はそこを借りて、アトリエに作り直し、アパルトマンにあふれていた靴の箱をここに移した。その数か月後、この家で今の恋人と出会うことに。彼女がここで始めた小さなビジネスを撮影しに来た映画監督だった。「私はまるでクマみたいなの。じっと自分のねぐらに閉じこもっていて、そうすると外からいろいろな人や出来事が私のもとへやってくるのよ」。彼女はまたうれしそうにそう言った。

もしいろいろな人や出来事が彼女のところへやってくるとしたら、それはアメリが自宅近くの限られた範囲内で、何もかも済ませて暮らしているからだろう。彼女が最近オープンした初めてのブティックも、このすぐ近くのラップ通りにある。2年前、まだ中庭の家をアトリエに作り替える前、彼女はこのアパルトマン

　　の一室をアトリエにして、そこで彼女の靴のプロトタイプを考案した。この場所は今でも彼女の仕事場であり、クリエーションの場だ。部屋に並べられたインスピレーション・ボードには、デヴィッド・リンチやギイ・ブルダンの写真、ベティ・ペイジのポートレイトが貼られていて、次のコレクションの大まかな輪郭が垣間見える。彼女ははじめ服作りを学んでいた。けれど、ある日自分の進むべき道を見つける。服よりもオブジェを作ることが好きなのだ、と気づいたのだ。それは彼女にとって、より「男性的」なモノづくりのアプローチだった。ファストファッションの流れに逆らって、アメリはとてもパリジェンヌらしいやり方で、クリエイターとして成功した。

　途切れることなくたばこを吸いながら、笑顔を絶やさず、彼女は自分の人生について語ってくれた。パリジェンヌの多くがそうであるように、彼女も地方都市で育った。パリから列車で1時間の町、シャルトル。学校の休日や夏休みになると、父親の農場で過ごした。父親は彼女が幼かった頃に亡くなったそうだ。その後は、母親と妹と暮らす生活。学校が大嫌いで、ノートの余白に女性のシルエットを描いて一日中過ごしていた。14歳の時、パメラ・アンダーソンと歌手のオフェリ・ウィンターを女神と崇めるようになる。そしてのちに、一世を風靡した「ヴィーガン・シューズ」のクリエーションのため、憧れのパメラ・アンダーソンとの出会いを果たすことになるのだ！　誰もがそうであるように、彼女も後から思い出してちょっと恥ずかしくなるような思春期を過ごし、ある時突然髪をプラチナブロンドにブリーチした。それを見た母親は大激怒。怒りを鎮めるため、髪を思い切り短く切る羽目になったそうだ。「幸せを感じて暮らせるようになったのは、20歳になって、パリに移り住んだ頃からよ」と、彼女は言う。

　パリジェンヌにとって一番大切なもののひとつ、行きつけのお店のリストを見せてもらえないかと頼むと、自分は家のまわりから外にはほとんど出ていかない。だから、バスティーユ広場からシャロンヌ通り、ロドリュ・ロラン大通りにかけての狭い範囲のことしかわからないのだと答えた。その狭い中には、もちろん彼女のお気に入りのカフェがあって、朝食（アーモンドミルクで煮たオートミール、キウィ、バナナ、チアシード）をとった後、そのカフェで砂糖もミルクも入れないエスプレッソを飲むのが日課。彼女の行きつけの花屋も文具店もニューススタンドも、すべてこの範囲の中。「きっとこれって、私が田舎で育ったというのも関係あるわね」と恥ずかしそうに言う。けれど、これほどパリジャン的なこともない。自分の地元が町のすべてであるように暮らして、いつも行く薬局が閉まっているからと、ちょっと離れた店に行くだけでため息をつくような、自分の家のそばのパン屋以外でパンを買ったことがないことに、ちょっとした誇りすら感じているような、近所の店の名前をもれなく全部言えるような。そんなところこそ、いかにもパリジャンらしいと言えるだろう。

　アメリは自分の暮らす界隈に愛着を感じているし、そこを出るのがおっくうでしかたない。彼女にとって、すぐそこにあるセーヌ川を渡って左岸まで行くことは、大変な遠征なのだ。それに、そんなことをしたって、何の意味があるのだろう？　少なくとも私たちが知っているパリジャンたちは、どこに出かけるよりも、

友人の家に集まって、レコードを流しながらダンスをし、時折踊るのをやめて、時には8人もバルコニーに出て身を寄せ合いながらたばこを吸って哲学や政治の話をする、そんな夜が何より好きなのだ。アメリも友人を家に招くのが大好き。その時には必ず、大勢家に呼び、たくさんのシャンパンを用意しておく。いつどこで出会った友人かは関係なく誘い、アメリの友人がみんな集まってわいわい楽しむ。彼女の家のパーティは、その界隈で一、二を争うシンプルで楽しいパーティだろう。そしてとにかく大騒ぎになるので有名だ。それなのに奇跡的なのは、近所の人が誰も苦情を言ってこないこと。パリのアパルトマンに暮らす人々にとって、セーヌ川を見下ろす眺めと同じくらいに、静けさは大切なものだというのに。そんなわけで、アメリの部屋では今夜も、ビーチ・ボーイズとブロンディとビヨンセが入ったプレイリストが、明け方まで流れ続ける。

Notre Paris. 私たちのパリ

小さな村のように暮らす

　この本に出てくるパリジェンヌと私たち二人を結び付ける共通点はいくつかある。中でも特徴的なのが、パリの何区か、どの界隈か、どんなアパルトマンか、というように、住んでいる場所によって自分たちのことを、性格づけるということ。

　豪華なアパルトマンであっても小さな屋根裏部屋であっても、私たちにとって大切なのは、キャンドルやクッションや古本やふかふかのソファなどを用意して、自分の住処を最高に心地良い場所にすること。そして、働くのに、夢見るのに、のんびりするのに、金曜や土曜の夜に友人を呼ぶために、最高の場所にすること。何しろパリジャンは、友人を家に招くのが何より好きだから。

　そして、快適な気分を、家の近所にも求めていく。近所というのは、自分の家のまわりを取り巻く数ブロックのこと。そこには朝さっと行ってカウンターにもたれれば、何も言わなくてもブラックのカフェ・アロンジェが出てくるような、行きつけのカフェが必要だし、当然ひいきのパン屋だってある。観光客でごったがえすようなパン屋ではなく（行列に並ぶなんて、最悪）、バゲットがたった1ユーロ10サンチームで買える店。そしてお気に入りは、そこのハム・レタス・マヨネーズサンドウィッチ。

　ジャンヌは私に「9区に住むのもいいなあと思ってるの」なんて言うけれど、本心でないことくらいわかっている。その証拠に、不動産屋の前を通りかかれば、今自分が住んでいる11区の物件ばかりを見ているのだから。彼女は11区にしっかりと根を下ろしている。この地区は、彼女の成長をずっと見てきた。そしてジャンヌは、必要なだけのお金を作ると、同じ11区に、今暮らしている小さなアパルトマンを買った。SNSで彼女をフォローしている人には、彼女の部屋の大理石の暖炉と、猫のシャーリーが歩き回る部屋はすっかりおなじみのはず。自分が慣れ親しんだ界隈から無理やり離れるなんてこと、できるわけない。

お気に入りのパン屋10選

テロワール・ダヴニール
I.　　*Terroirs d'Avenir*
パン・ド・カンパーニュとチェリートマトのフォカッチャ。
1, rue du Nil, 75002

ル・ムーラン・ドゥ・ラ・ヴィエルジュ
II.　　*Le Moulin de la Vierge*
チョコレート・エクレア。
64, rue Saint-Dominique, 75007

ラ・ブーランジュリ・ヴェルト
III.　　*La boulangerie Verte*
クロワッサンとシューケットが最高。
60, rue des Martyrs, 75009

デュ・パン・エ・デ・ズィデ
IV.　　*Du Pain et des Idées*
フルール・ドランジェ（オレンジ・ブロッサム）風味のブリオッシュ、ベーコン・パン。
34, rue Yves Toudic, 75010

ジュール・パリ
V.　　*Julhes Paris*
マカロンと素晴らしいお惣菜。
56, rue du Faubourg-Saint-Denis, 75010

ブーランジュリー・ユートピー
VI.　　*Boulangerie Utopie*
ショーソン・オ・ポム。
20, rue Jean-Pierre Timbaud, 75011

モワザン・ル・パン・オ・
VII.　　*Moisan Le Pain au*
ナチュレル
Naturel
Marché d'Aligre（アリーグル市場）にあるお店。古式製法のオーガニックパンがおいしい。
5, place d'Aligre, 75012

ル・ブレ・シュクレ
VIII.　　*Le Blé sucré*
パン・オ・ショコラとミニ・ショートケーキ。
7, rue Antoine Vollon, 75012

ブーランジュリー・ボリス
IX.　　*Boulangerie Boris*
ミニ・サンドウィッチとおいしいバゲット。
48, rue Caulaincourt, 75018

ブーランジュリー・アレクシーヌ
X.　　*Boulangerie Alexine*
パリで一番おいしいフランと熱々で食べたいベーコン入りバゲット。
40, rue Lepic, 75018

お気に入りカフェ10選

I. *Le Saint-Gervais* <small>ル・サン・ジェルヴェ</small>
マレ地区の中でもここのテラスはコ
スパが最高。
96, rue Vieille-du-Temple,
75003

II. *L'Escale* <small>レスカル</small>
セーヌ川を眺めながらカウンターで
いただくカフェとクロワッサン。
1, rue des Deux-Ponts, 75004

III. *Le Pick Clops* <small>ル・ピック・クロップ</small>
行きかう人々を眺めながら、ビール
を飲むのにちょうどいい。
16, rue Vieille-du-Temple,
75004

IV. *Le Rouquet* <small>ル・ルケ</small>
とてもフランス的な朝食をサン・ジ
ェルマン・デ・プレの真ん中で楽し
める。
188, bd Saint-Germain, 75007

V. *Le Mansart* <small>ル・マンサール</small>
夏の夜のピガール、ロゼワインで楽
しむアペリティフ。
1, rue Mansart, 75009

VI. *Le Petit Château d'Eau* <small>ル・プティ・シャトー・ドー</small>
午後中、お日様を浴びながらコーヒ
ーが飲める店。
34, rue du Château d' Eau,
75010

VII. *Le Carillon* <small>ル・カリヨン</small>
仕事の後、みんなで集まれる広いテ
ラス。
18, rue Alibert, 75010

VIII. *Aux Deux Amis* <small>オ・ドゥザミ</small>
ナチュラルなワインとおいしいタパ
ス。
45, rue Oberkampf, 75011

IX. *Le Penty* <small>ル・パンティ</small>
オーナーのディディはいつもご機嫌。
ハウスメイドのミントティーがたっ
たの2ユーロ。
11, rue de Cotte, 75012

X. *Aux Folies* <small>オ・フォリ</small>
ベルヴィルの若者たちと一緒に、夏
の夜に大きなグラスで飲むビールは
最高。
8, rue de Belleville, 75020

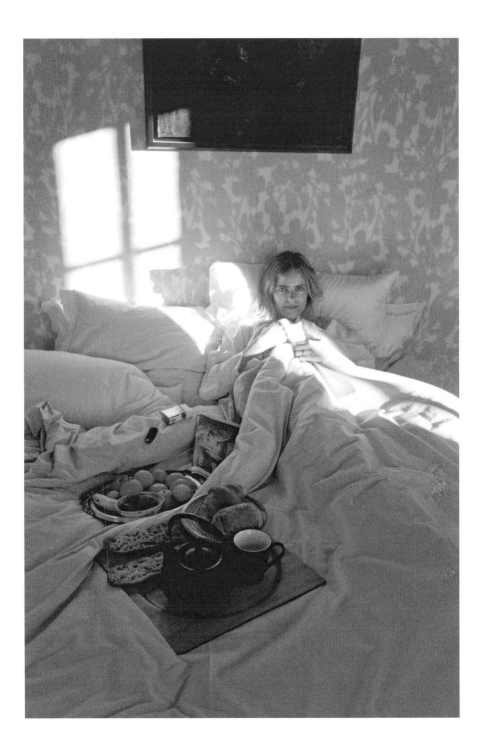

Au square Trousseau
avec **Nathalie Dumeix**

12区　トゥルソー広場
ナタリー・デュメ

リブニット
ゆで卵とソテーしたジャガイモ
小さな木製のサボ
ギイ・ブルダン

　この本に登場してほしい女性のリストアップを始めたその瞬間から、この人だけは絶対に外せない、とジャンヌが考えていたのが、ナタリーだった。ナタリーはファッションデザイナー。自らのブランドを立ち上げ、ブティックを開いて20年になる。ブティックがあるのは、かつてジャンヌの両親が経営者だったレストラン、「ル・スクワール・トゥルソー」の隣。ナタリーのブティックは、パリジェンヌの理想的なワードローブそのもの。一年中トレンチコートを欠かすことのない彼女。海外のファッション誌は、そんな彼女のパリジェンヌらしいスタイルの神髄をとらえようとしてきた。店に並ぶのは、ハイウェストのベロアのパンツ、ラウンド・カラーのリブニット、とても繊細なゴールドのアクセサリー、そしてウェッジソールのサンダル。パリの女性にとって、快適かつシックな装いのために、なくてはならないアイテムばかり。そのパリ的なスタイルの申し子と言うべきなのが、ジャンヌ・ダマスだ。そもそも、ジャンヌはナタリーのこの店で、モードに目覚めたと言ってもいいだろう。十代の頃のジャンヌにとって、そこは放課後にほっと一息つく場所だった。毎日のように午後4時半になると、ナタリーの店に行っては、ファッションや男の子の話をしたものだった。

　12区、バスティーユ広場からさほど遠くない場所にあるレストラン「ル・スクワール・トゥルソー」のテラスで、私たちはナタリーに会った。真綿のような雲

が、青空をほんの少し陰らせている、そんな日だった。ナタリーの放つオーラは、まさにパリそのものだった。羽織っているのは、もちろんトレンチコート。輝くようなブロンドの髪は、とかしていないかのように無造作に彼女の肩で波打っていた。ほとんどノーメイクの顔は、重ねてきた年齢にくすむどころか、かえって美しくなっているように見える。昼少し前、11時55分。彼女が注文したのは、ゆで卵とハム、ソテーしたジャガイモだった。なのに、彼女の身体はどういうわけかものすごく細い。結論から先に言ってしまおう。ナタリーは、町ですれちがった瞬間に、「秘密を何もかも今すぐ教えて！」と言いたくなるような女性だ。どうしたら彼女のような着こなしができるのか。どうしたら、あんな風に素敵な笑顔が浮かべられて、あんな風な話し方ができるのか。どうしたら彼女のように美しく年を重ねることができるのか。世界中の人々が、パリジェンヌに対して抱く

そんな思いを、多くの女性たちに抱かせる。それがナタリーだ。

　彼女の唯一無二のファッションセンスは、母親から受け継いだものだ。子どもの頃、彼女は母親の選んだ素敵なダッフルコートを着て、母親がスウェーデンから取り寄せた木製のサボを履いていたらしい。育ったのはパリではなく、セーヌ川上流の町、ブルゴーニュのシャティヨン・シュル・セーヌ。その頃から、セーヌ川によって、彼女はパリとつながっていたのだ。ナタリーは、自分の運命を確信していた。誰しも、「故郷を出てパリへ行く」と決める時には、迷路のように入り組んだこの町のどこかで、何かが自分を待っている、あるいは、自分から探しに行かなくてはならない何かがある、という確信に満ちあふれているものだ。パリに移り住むのは、恋人と暮らすため、という場合もあるかもしれないけれど、たいていの場合はキャリアの夢をかなえるためだろう。例えば私、ローレンは、23歳の時パリに出てきた。ジャーナリストになりたい、という思いを胸に。そして、パリ以外の場所で、フランソワーズ・ジルーのようなジャーナリストになれるわけがない、と思っていた。ナタリーは、9歳の時「ココ・シャネルのようなデザイナーか、じゃなければマリー・キュリーのような研究者になる」と心に決めていた。そして今、ココ・シャネルの永遠不滅のエレガンスと、マリー・キュリーのひたむきな熱意の両方を持っている。彼女の運命は、パリ以外を舞台にすることはありえなかった。

　彼女にとってこの町は、人生の様々な断片と人との出会いによってできた大きなパッチワークのようなものだ。パリにやってきた時、彼女は17歳だった。数多くのデザイナーを生み、今も未来の才能を育て続けるモードの名門校エスモードに入学。夜は「ル・パラス」や「レ・バン・ドゥーシュ」といったクラブに通った。80年代、モードやショービジネス界のエリートたちは、パリの夜の聖地というべき、これらのクラブに集っていた。ナタリーはそこで、写真家ギイ・ブルダン、クリエイターのドロテ・ビスやピエール・ダルビー、さらには、パリならではのやり方で文学とナイトライフをミックスした、パリ政治学院出身の「Caca's Club」のメンバーたちと出会った。「私は不眠症なんだと思うわ。ほとんど寝なくても大丈夫なの。だから昔から、夜とは大の仲良しよ。お酒はほとんど飲まないわ。飲んでもほんの1杯か2杯。ドラッグも絶対にやらない。そんなものなくたって、心の底から楽しめるんですもの」。ナタリーの秘密、誰もがうらやむ最高のパリジェンヌたちに共通する秘密は、ここにあるような気がする。

それは、「バランス」だ。控えめにしたり、自制したりすることから生まれるバランスではない。徹底的にバカ騒ぎを楽しむかと思えば、びっくりするほど思慮深くなる。最高の贅沢を知っていると同時に、究極のシンプルさを大切にする。極端な二つの側面の間を行ったり来たりできる、そのバランス感覚だ。

　例えば、彼女にとっての憧れのアイコンをたずねると、迷うことなくこんな答えが返ってきた。「作家のフランソワーズ・サガンね。彼女の情熱的で華やかなところが好き」。そう言ってからこう付け加える。「それから、彼女のメランコリックなところも」。情熱と憂鬱。矛盾する正反対のものの間を行ったり来たりする彼女のバランス感覚が、まさに表れている答えだった。では、彼女の美しさの秘訣はどうだろう。何ということもなさそうに、彼女は言った。高い頬骨が魅力的な彼女の顔を常にみずみずしく保つために、特別なことは何にもしていないのだと（「毎朝お湯で洗顔した後、クリームを塗るだけ。『ELLE』で紹介されていたクリームよ」）。けれど、そう言ったすぐ後に、細かい商品名をあげながら、あの完璧な素肌風メイクを生み出すために毎朝欠かしていない「儀式」を私たちに教えてくれる（「ベースには『L'Oréal』のCCクリーム。その上に『＆Other Stories』の目元用クリームで気になるところや落ちくぼんで見えるところをカバー。それから、『MAC』のパールの質感のファンデーションを、眉骨とチークと上唇の谷間のところにほんの少しつけて立体感を与えたら、最後に眉毛の下に白いラインを軽く入れるの」）。彼女の秘訣をもうひとつ。それは食事だ。私たちの目の前で、ゆで卵とジャガイモをペロリと平らげた後、店に勧められるままに注文したメレンゲをためらうことなく口にする。そんな風に、何も気にせず食べたいものを食べたいように楽しんでいる一方で、彼女なりの厳しいルールもある。コーヒー、お茶、乳製品、グルテンは一切摂らないのだ。それはスポーツにも言える。「私、スポーツってまったくやらないの」と顔を赤らめて言ったそのすぐ後に、彼女はこう言う。「とにかく歩くのが好きなの。町行く人やテラスでくつろぐ人、パリのモニュメントなんかを見ながら、ポンヌフまで歩いて行くのが大好き」。12区からポンヌフはどう少なく見積もっても、歩いて優に50分はかかる距離だ。これが彼女流のスポーツなのだろう。ナタリーはいつも、歩きか自転車で移動する。だから、多くのパリジャンと同じように、1日12000歩なんて簡単に歩いてしまう。そんなわけで、彼女はスリムなスタイルを維持しているし、週に3回ジムのバイクに乗りに行く必要なんかない。

　太陽が雲間から差し込むパリの昼、「ル・スクワール・トゥルソー」のテラス
でナタリーがパリについて話してくれたことは、哲学的な教えにも感じられた。
何にも振り切れない中庸なものなんて、まっぴらごめん。過剰かと思えば極めて
控えめ。興奮に身をゆだねるかと思えば退屈し、やりすぎかと思えば禁欲的。そ
の両極端の間を行ったり来たりするのが彼女のやり方。それが彼女にとって、人
生を楽しみ、味わい尽くすための最高の秘訣なのだ。

Notre Paris. 私たちのパリ

セルフィなんて、大嫌い

基本的に、パリジェンヌはセルフィを撮らない。だって、携帯を顔の前にかざして、ベストなアングルを探して、光の当たり方にもこだわって、カメラに向かってバカみたいに微笑んで、気に入った1枚が撮れるまで何度も撮り直す。それも、他の人たちが見ている前で。そんなこと、とてもじゃないけどできない。でも、まあ、それはあくまでも「基本的に」という話。

Dans le quartier chinois avec **Patricia Badin**

13区　中華街
パトリシア・バダン

屋根裏部屋
パール
シャーマン
ローゼルのジュース

　いつだってパリには、人気のナイトスポットがある。狭くて、壁は音楽で震え、そして中に入れてもらうのがとんでもなく難しいそんな場所に、夜更かしたちは集まり、身を寄せあい、出会い、大いに酔っぱらいながらあれこれ議論し、気分も身体もあたたまったらダンスをする。「ル・パラス」、「ル・プルプ」、「ル・バロン」、「ル・モンタナ」、そして最近だと「ラ・マーノ」。この本の取材をしていた頃、私たちはよく9区のパピヨン通りにある「ラ・マーノ」に行った。店の前にはいつだって、夜中の1時でも長い列ができていた。メキシコ風に装飾された小さなクラブ。ジャンヌと私がここに来るのはいつも夜の11時頃。それも必ず木曜に。週末の混雑を避けるためにはそうするしかない。この店はいつも、軽快なリズムの音楽があふれている。サルサ、ルンバ、キューバン・ジャズ。そしてメキシコ産の蒸留酒メスカルをベースにしたカクテルと陽気な雰囲気。何もかもが、私たちのお気に入り。

　場所の持つ雰囲気というのは、そこを作った人のイメージに重なる。そして「ラ・マーノ」をこんな熱気に満ちた場所にした人物こそ、パトリシアだ。パールのブラを身に着け、声高らかに笑う彼女。そんな彼女なら、今までにないセンスでパリのパーティシーンを彩ってくれるだろうと見込まれての人選だった。だから「ラ・マーノ」はパトリシアそのものだと言える。彼女はこのクラブのPR。

そして毎夜多くの人々を迎えている。けれどそれだけではない。すごいのは、彼女が夜通し踊るサンバだ。彼女のダンスを見ていると、誰もが恍惚とし、彼女のように踊りたくなる。そして彼女のもとに集まるパーティ好きたちはみな、汗をかき、我を忘れて夜を過ごすのだ。その優美さとカリスマは、マタ・ハリやグレース・ジョーンズやミスタンゲットといった、エンターテイメント界の誘惑と挑発と謎を兼ね揃えた女性たち、パリの歴史を作ってきた女性たちの系譜を継いでいる。パトリシアは、パリの夜を彩るヒロインの原型のような存在だ。

インタビューの日の朝、ジャンヌと私は、4区にあるパトリシアのアパルトマンの下の、小さなカフェで落ち合った。「ボブズ・ジュース」というこの店は今とても人気で、アーティスティックと言ってもいいようなグリーン・スムージーやラテを出してくれる。ジャンヌは前の日寝るのが遅く、ひどい二日酔いの顔でやってきた。そして、パトリシアの部屋までは、長い階段を上っていかなくてはならなかった。北マレにある、あちこちがデコボコゆがんだ狭い建物の最上階。屋根裏の、昔住み込みのお手伝いさんが暮らしていた小さな部屋が彼女の住まいだった。居間の丸窓から見える空は、ジタンのたばこのパッケージのような青だった。そして外を見ると、黒いスレートの屋根が並んでいた。パトリシアも、少し前に起きたばかり。何しろ昨日も一晩中踊っていたのだ。ノーメイクで、きれいに剃ったショートカット。ぴったりしたブラックのコットンのオールインワンに身を包んだ彼女は、まるで十代の少女のようだった。アンティークの布とクッションでおおわれた寝椅子に私たちを座らせると、小さなキッチンに行き、ジャンヌの頭痛に効くからと、ローゼルのジュースで飲み物を作ってくれた。「いい加減もっと広いところに引っ越さないと、って20回以上も思ってる。でも、ここが私の住処なのよね。すごく居心地がいいの」。とても素敵でちょっと驚きに満ちたインテリア。部屋のあちこちに、ユニークなオブジェが置いてあり、そのほとんどは身に着けるものだった。下町のセックスショップで見つけたパールの髪飾り。網タイツのようなネットで作ったオールインワン。パールの付いたデニムのショートパンツ。このパールは階段の踊り場で見つけた古いキッチンカーテンに付いていたものを、彼女がはずして縫い付けたものらしい。

パトリシアの部屋には、自由で何も気にしない、そんな風が吹いていた。彼女のモットーは、「決して言い訳しない。なんでもやってみる。そしてすべてを愛する」。夜働いているのは、昼間自分のやりたいことに打ち込み、心に抱いてい

る計画を実行に移すため。そしてつい最近「B'Attitude」という会社を立ち上げ
たばかり。自分の心を揺り動かしてくれるものたち、例えばダンス、ミックス・
カルチャー、ファッション・スタイリング、フェミニズム、自然派コスメ、アート。
そういったものを発信していくための会社だ。そして、彼女が何より得意なのは、
自分らしくいること。絶えず新しい自分を思い描き、実現していくこと。光あふ
れるこの町で過ごしたこれまでの人生から、彼女はそれを学んだ。「パリのあら
ゆる地区で暮らしてきたわ。住んだことがないのは16区くらいね。私にとってパ
リは、自由を象徴する町よ。ここを離れたいと思ったことはないわ。だって、こ
こにいれば、なりたい自分でいられるし、やりたいことができるんだもの」。

パトリシアはパリ7区で育った。セルジュ・ゲンズブールが暮らしていた神話的なヴェルヌイユ通りのほど近くに住み、毎朝彼のアパルトマンの前を通っていた。「学校に行く時、前を通ると、いつも手を振ってくれたわ。そのあたりに暮らしていた黒人の子どもは私たち姉妹だけだったのよ」。パリのナイトライフを初めて体験し、そここそが自分が本当に自由でいられる居場所だと知ったのは14歳の時。「夜出かけては無断外泊してたわ。ベビーシッターのバイトがあるからと嘘をついて『フォリー・ピガール』で一晩中過ごしたの」。母親がカリブのグアドループに移り住むと決めた時、パトリシアは17歳。彼女はついていかないと言った。「だって、あの頃私はパリの町と恋をし始めたところだったんだもの。

他の場所で暮らすなんてありえなかった。私の人生はここにあるの。これからもずっとそうよ」。こうしてパリの真ん中でひとり暮らしを始めた彼女は、この町で大人になり、幸せを謳歌している。当時レアールのイノサン広場でスケートボーダーやラッパー、ストリートダンサーたちと集まり過ごした日々のことを話してくれた。「私たちは女の子だけのグループで、毎晩『ル・パラス』や『レ・バン・ドゥーシュ』なんかに通ってた。みんな可愛かったけど、お金がまったくなくて、一晩中踊っていると、必ず誰かがオレンジジュースをごちそうしてくれるの」。大学で日本語を学び始め、次の１月には息子の父親となる男性と出会い、７月には結婚。翌年の３月には息子のオスカーが生まれた。16歳になった息子は今、モーリス・ガルデット広場のアパルトマンでひとり暮らししている。そこはジャンヌの家の目の前だった。

　パリで育ち、チュイルリー公園を遊び場にし、毎日シャンゼリゼを見渡して暮らせば、ものの見方のスケールも大きくなる。パトリシアはまさにそうだ。実際、パリだけでは飽き足らず、彼女は長距離線の飛行機を乗り継いで、もっと大きな世界を見たいという欲求を満たしに行く。この日も、ブラジルでの長旅から戻ったばかりだった。ローゼルのジュースをすすりながら、彼女は旅の話をはじめから終わりまでしてくれた。バレエ・ファンクのダンサーたちとの出会い、プライア・グランデの浜辺で見た彼らのものすごいダンス。ブラジリア郊外の慈善施設までシャーマンに会いに行った時のこと。いつものように、彼女はリュックサックひとつ背負って旅に出た。中にはコットンのオールインワンが２着とショートパンツ、そして“クラブに踊りに行く時用の”きれいにデコレーションを施したジャケットだけ。

　パトリシアはなんということのないものを使って素敵な着こなしをする。ピガールの店やバルベスの古着屋で見つけてきたものに手を加えて、輝くばかりのものを作り上げる。部屋の装飾の一部となっているこれらの服や髪飾りや靴は、彼女自身の一部だと言ってもいい。彼女が作ったものであると同時に、彼女自身でもあるのだ。彼女のこれまでの人生、そして彼女の才能を伝えてくれるこれらのオブジェを見ていると、毎夜「ラ・マーノ」のダンスフロアで、パリの夜更かしたちを夢中にさせ、我を忘れてダンスする彼らの中心にいる、そんな彼女の姿が目に浮かぶ。

Notre Paris. 私たちのパリ

アペリティフはいかが?

スポーツ、刺繍、ガーデニング、料理。趣味や特技には、いろいろなものがあるけれど、何よりも私たちにとって大切なもの、それは、ワインを選べるということ。それはもう、ちょっとしたプライドすらかかっていると言ってもいいほど。レストランで、ワインメニューを慣れた手つきで受け取り、迷いなくソムリエに注文。そして届いたワインをグラスの中でクルクルとまわしながら、真剣な面持ちで吟味する。それは、夏の日の夕方、カフェのテラスで仲間と3人でロゼのボトルを注文する時だって同じ。パリでは、ワインはライフスタイルそのもの。赤が好きな人もいれば、白が好きな人もいる。ブルゴーニュ好きもボルドー好きもいる。ジャンヌと私は二人とも赤派。ジャンヌはボルドーのしっかりしたワインが好き。私はどちらかというとブルゴーニュ派。けれど、ローヌ地方のコート・ロティも大好き。普段はサプライズが大好きな私たちも、ワインのこととなると話は別。

お気に入りのワイン・カーヴ5選

カーヴ・オージェ
I.　*Caves Augé*
パリで一番古いワイン・カーヴのひとつ。
116, bd Haussmann, 75008

ラ・カーヴ・ドゥ・ランソリット
II.　*La Cave de l'insolite*
ナチュラルワインなら、ここ。
30, rue de la Folie Méricourt, 75011

ラヴィニア
III.　*Lavinia*
世界中のナチュラルワインの名品がそろっているお店。
3, bd de la Madeleine, 75001

ル・ヴェール・ヴォレ
IV.　*Le Verre Volé*
食事も楽しめるワインバー「cave à manger」発祥の店。
67, rue de Lancry, 75010

ル・バロン・ルージュ
V.　*Le Baron Rouge*
ここは、空き瓶を持っていくと、それに入れてワインを売ってくれる。
1, rue Théophile Roussel, 75012

ワイン通に見えるおすすめワイン

I. アペリティフに選ぶなら
Marcel et Matthieu Lapierreのモ
ルゴン。
軽くてフルーティ。お水のように飲
めてしまうワイン。

II. 食事と楽しむ赤ワインなら
Philippe Pacaletのブルゴーニュ。
個性のあるデリケートなピノノワー
ルの味わい。

III. お肉に合わせる赤ワインなら
Domaine de la Vieille Julienneの
シャトー・ヌフ・デュ・パープ。
南仏の香り、テロワールの香りがし
っかり感じられるワイン、または
Michel Favardのサン・テミリオン。

IV. アペリティフに飲むロゼなら
Domaine Ray-Janeのバンドール
に氷を入れて。

V. シーフードと楽しむ白ワイン
なら
Domaine Binnerのリースリング。
ドライでフルーティ、そしてミネラ
ルの感じられるアルザス・ワイン。
チーズにも合う。

Au village Popincourt
avec **Charlotte Morel**

11区　ヴィラージュ・ポパンクール
シャルロット・モレル

ゆがんだ壁
タータンチェックのストール
催眠術
3人の女友達

　30歳独身のパリジェンヌが、自分について語る時、何の話をするか？　これまでの恋愛遍歴に決まってる。だけど、シャルロットの素敵なアパルトマンに迎えられ、ソファに座ってくつろいだ途端、恋の話が始まったのには驚いた。しかも、まだ彼女に出会って間もないというのに。彼女との出会いは、とある土曜の朝のカフェ「オ・ドゥ・ザミ」。ジャンヌとこの本にとってだけでなく、シャルロットにとってもなくてはならない「本部基地」と言うべき場所。ジャンヌは、シャルロットを見た瞬間、貴族的であると同時にボヘミアン的な彼女のオーラにひとめぼれした。そしてその数日後には、インタビューのため、私たちはマルシェ・ポパンクールの広場にある彼女のアパルトマンに向かっていた。古物商と小さなバーがたくさんあるこの地区は、つい最近Village Popincourtと正式に名付けられた。シャルロットの信じられないくらいシックなシルエット。それ以上にパリらしさを感じさせるものがもうひとつ。それは、彼女のアパルトマンだ。部屋に漂う魅惑的な香りは、サンタマリアノヴェッラのメログラノ。この香りをしみ込ませたテラコッタの置物が、ふた部屋あるアパルトマンのあちこちに置かれている。日当たりのいい大きな白い部屋。天井の彫刻飾りの下には、黒い大理石の暖炉。アート作品が、古道具屋で見つけた一風変わったレトロなオブジェと一緒に並んでいる。壁にはひびが入り、ドアは傾いている。そんな何もかもが、彼女

の家では洗練されて見えた。「ほとんど崩れかけの建物だけど、今この辺りはどんどん人気になっているの。ここだってそのうちものすごく高く売れると思うのよ！」。シャルロットはそう言いながら、いい香りのする緑茶とグルテンフリーのクッキーをのせたトレイを運んできた。写真に撮られるのは苦手だと言いながら、ジャンヌの向けるカメラの前で、その身のこなしはとても自然なものだった。チャコールグレイのソファに正座して座り、70年代の陶器のカップを両手で包むように持ち、タータンチェックのストールの下に足を滑り込ませる。肩の力の抜けた、物怖じしない若い女性の身のこなしだった。そして、それがとてもパリジェンヌらしかった。たばこを吸ってもいいかしら、と彼女が聞くその言葉さえも私たちには心地よく、彼女の発するどんな小さな言葉にも夢中になって耳を傾けていた。まだここに来たばかりだというのに。

　シャルロットはパリで育ち、20区のはずれ、パリを取り囲む環状道路マレショー大通りのすぐそばで子ども時代を過ごした。この辺りは「パリの田園」と呼ばれるかなり独特な地区だ。その後、パリ4区セーヌ河岸にたたずむ壮麗な建物で知られるマシヨン校で高校生活を送る。そして今では、11区が彼女の「村」であり、住処。もう、ここから引っ越すなんて、考えただけでパニックに陥ってしまう。当然のように、そんな彼女とジャンヌは、話し始めて15分もしないうちに、共通の知り合いが何人もいることがわかった。

　するとシャルロットは、自分の恋愛遍歴について語り出した。それはまるで、フランソワ・トリュフォーの映画さながらで、私たちを飽きさせなかった。ある男性と激しい恋に落ちた時の話を詳細に話し、すぐさま、それについては本に書かないことを私たちに約束させた。その人を忘れるために、彼女はあらゆる努力をした。催眠術師のところにまで行ったそうだ。「いつも診てもらっている婦人科の先生に勧められたの。彼女はほとんど私の心理カウンセラーみたいなものなのよ」。シャルロットはそう言うと、ためいきをつき、新しいたばこに火を付け、ちょっと芝居がかった様子でこう言った。「もちろん婦人科に行くのは、子どもが欲しいからというのもあるわ！」。

　彼女が自分をパリジェンヌだと一番感じる瞬間。それは、夜パーティから帰るタクシーに乗っている時。頭の中にはまだ音楽が鳴り響き、開けた窓の外を、パリの町が流れていくのを見ている時。「そんな時、本当に、自分は幸運だと思うの」。彼女は心底パリに恋しているのだ。そんな彼女が好きなのは、ちょっと

意外だけれど、クリスチャン・ミロヴァノフが撮った80年代のオフィスの写真。髪は毎日洗い、ドライヤーをせずに自然に乾かし、フランスの薬局ならどこでも売っている「Avène」の製品を愛用している。そして、メイクと下着には興味がないと打ち明けるのだ。「ニューヨークで数か月過ごし、東京にもしょっちゅう行くけれど、その時感じたわ。パリジェンヌって本当に自由だって。ノーメイクでマニキュアもせずに出かけられるし、おしとやかに膝を合わせたりしないで好きな格好で座れるし。こんなに何も気にせず生きられるのはパリジェンヌくらいね！」。そう、何も気にしないこと。これがシャルロットを表す言葉であり、彼

女の普段の暮らし方そのものだ。「前もって予定なんて決めないの。手帳には何
も書いてないわ」。彼女と同世代の多くの女性がそうであるように、シャルロッ
トも同時に2つの仕事をしている。生活費を稼ぐためにPR会社でアルバイトを
するかたわら、大学で美術史を学んでいた時の女友達二人と一緒に、アート・オ
ブジェのプロデュース会社「We do not work alone」を立ち上げ、運営している。
朝は、オレンジジュース、ブラックコーヒー、バターやジャムを塗ったパンで食
事を済ますと、仕事仲間とメールでやり取り。これは彼女たちと実際にランチで

顔を合わせる直前まで続く。午後は、会社の仲間であり友人でもあるルイーズの
アパルトマンで、これからの企画の打ち合わせ。リシャール・ルノワール通りに
ある1960年代の建物の最上階にある部屋だ。「私たちは、大きな家族みたいなも
のね。私ともうひとりの友達はルイーズの娘の後見人になっているし、私たちが
プロモートするアーティストたちもほとんどみんな友人なの。だから、仕事の終
わりにはたいていアペリティフに流れるわ！」。それがシャルロットの毎日。こ
れぞ、パリ、という暮らし方。

Notre Paris. 私たちのパリ

インターネットが好き。インターネットが嫌い

インスタグラムに絶対に
アップしない10の被写体
（あるパリジェンヌの場合）

I.   自分の猫

II.   自分の愛読書

III.   自分の彼氏

IV.   自分の子ども

V.   自分の彼女

VI.   いかにも絵葉書っぽい
       日中のパリの写真

VII.   いかにも絵葉書っぽい
       夜のパリの写真

VIII. 買い物かごの中身

IX.   自分の食べているもの

X.   ジェーン・バーキンの写真

インスタグラムについつい
アップしてしまう10の被写体
（あるパリジェンヌの場合）

I.   自分の猫

II.   自分の愛読書

III. 自分の彼氏

IV.   自分の子ども

V.   自分の彼女

VI.   いかにも絵葉書っぽい
      日中のパリの写真

VII. いかにも絵葉書っぽい
      夜のパリの写真

VIII. 買い物かごの中身

IX.   自分の食べているもの

X.   ジェーン・バーキンの写真

à Saint-Ouen
avec **Fanny Clairville**

パリ郊外　サン・トゥーアン
ファニー・クレルヴィル

サン・トゥーアンの蚤の市
美しいランジェリー
成績優秀
バスマティ・ライス

　パリを環状に取り囲む高速道路（ペリフェリック）を越えたこともないのに、今やパリを知ったような顔はできない。このペリフェリックは、まるで壁のようにパリ市内と郊外を隔てている。パリの中心地とその辺境との間に厳然と存在する社会的隔離の壁なのだ。けれど、私たちが日曜に出かけるお気に入りの場所の多くは、ペリフェリックを越えた郊外にある。例えば、モントルイユにあるアーティストのアトリエや、サン・ドゥニのスタジオや、サン・トゥーアンにある美しいれんが造りの建物の中のアパルトマン。ファニーは、最近そんな建物で暮らし始めた。彼女が愛してやまないワンベッドルームのアパルトマンは、パリの骨董好きが毎週末のように訪れる、あの有名なクリニャンクールの蚤の市からほんの数メートルのところにある。

　背が高く、細身のシルエットにカーリーヘア。ファニーは、30歳になるまでにお金を貯めて、この辺りにアパルトマンを買うのだと心に決めていた。そして、そのために何年も頑張って働き、ついに念願を果たしたのがほんの1か月前。新しい「我が家」に置かれたひとつひとつのものは念入りに選ばれており、キャンディのようなピンク色の冷蔵庫やテーブルの上に生けられた白いバラが、彼女がどれだけ長い間この夢を抱いてきたかを物語っている。

61 ファニーはサン・ペール通りにあるアクセサリー・ブランドの店「Stone（ストーン） Paris（パリ）」の責任者。店は、この本の出版社GRASSET（グラッセ）のオフィスから歩いてすぐのところにある。ジャンヌは、このブランドを一躍有名にした繊細なイヤリングに夢中で、定期的にチェックしに行かずにいられない。ファニーの個性的なファッションを見て、私たちはすぐに、この本に登場してほしいと思った。けれど、彼女から21世紀版バルザックのヒロイン風の物語を聞くとは思っていなかった。彼女が聞かせてくれたのは、地方で生まれ、子どもの頃からいつかパリに行くんだという強い意志を持っていた、ひとりの若い女性の話だ。

　ファニーはボルドーで生まれた。母親はボルドー出身で父親はグアドループ出身。子ども時代は、カリブ海のグアドループとサン・マルタン島、そしてノルマンディの寄宿舎で過ごした。彼女がまだ小さかった頃、音楽業界で働いていた母親はパリ13区に移り住む。私たちが会ったどのパリジェンヌもそうだったように、ファニーもパリの町を初めて見た時のことを、詳細に熱っぽく語ってくれた。「13歳だったの。寮生活をしていて、週末はパリの母の家で過ごしていたわ」。たばこに火を付けながら彼女は回想し、素敵なワイングラスに2杯目のグアバジュースを注いでくれた。「ほとんどいつもひとりぼっちだったわ。ショワジー通りまでフォーを食べに行ったり、『MK2ビブリオテーク』まで映画を観に行ったり、アジア食材のスーパー『タン・フレール』に買い物に行ったりしてた。あそこには故郷の島の食材がたくさん売っていたから。そうやってパリを散歩するのは本当に楽しかったわ。ついついあの辺に行きたくなっちゃうのは、きっと十代の頃の自分を思い出すからなのね」。

　パリに住みたいと思うようになったのはこの頃なのだろうか？「すぐにわかったわ。この町は何もかもが集まる場所なんだって。私の子ども時代を作ってきた文化がすべてそこには集まっていたの。ここには、何もかもが混ざっているのよ」。パリに住むという夢を持っていなかったら、そんなことはしなかったかもしれないけれど、15歳の夏、彼女はモデル・エージェント「エリート・モデル」のオーディションを受けた。そして、なんと、審査員賞を受賞したのだ。これには彼女自身が一番びっくりした。そこで1年間高校を休学することにしたのだが、思ったほど簡単なことではなさそうだということにすぐ気が付いた。「当時はまだ、黒人や黒人のハーフの女性がモデルの世界で成功するのはまれなことだったのよ。モデル・エージェントは、とにかく私の髪をストレートに伸ばそうとした

わ。私は"ランジェリー向きの身体"だということで、いつもランジェリー姿でショールームやランウェイを歩いてた。仕事であちこち行くと、3ユーロすら持っていなくて、食べるものも買えない東欧出身のモデルたちがいたわ。そういう子たちは、モデルの世界でなんとか成功してやる、というものすごく強い気持ちを持っていた。私にはそれがなかったのよ。だからすぐにわかったわ。私は次のナオミ・キャンベルにはなれっこないって」。

　成績優秀だった彼女は経営学の学位を取り、パリのモンテーニュ通りやモナコの高級店街にある、ハイブランドのブティックでの仕事を渡り歩く。その後「ストーン・パリ」の創業者マリー・ポニアトウスキーとの電撃的な出会いを果たし、2013年、責任者の座についた。ファニーはこの仕事なら腰を据えてできそうだと考え、それを機にいろいろな趣味を再開。中でも歌うことが好きで、今でも月に何時間もレッスンを受けるほど熱中している。

　とにかく、ファニーは友人たちを家に招くのが何より好き。そして彼女にはみんなを地下鉄4番線の終点まで呼び寄せる、かなり強力な秘策がある。「ガーリック、あさつき、トマト、レモン、それからバスマティ・ライス。キッチンの棚にこれさえあれば、不意に誰かが訪ねてきても大丈夫。ホタテ貝とか魚の切り身なんかを入れたら、みんなをもてなす料理ができるわ」。だから彼女の仲間たちは知っている。彼女のアパルトマンにいつ行っても、おいしい料理が鍋にかけられコトコトと煮込まれているということを。「ここに引っ越してまだ1か月だけど、近所の食料品店の人とはすっかり顔なじみよ。パリでなかなか見つけられない食材を注文しに、しょっちゅう行くものだから！」。彼女の言葉を聞くと、自分の町にしっかり根を下ろしたパリジェンヌというのはこういうものなのだな、ということがよくわかる。

パリジェンヌの暮らし

　パリを自分の住処に選んだその時から、どこで生まれたかなんてことはまったく関係なく、私たちは町の一部となり、本物のパリジェンヌになる。パリは世界中の人が集まる町。だから、その人たちがそれまでたどってきた道のり、持ち運んできたものによって、パリは豊かな町になり、そこでの暮らしは彩りに満たされる。けれど結局、この町で暮らす人々を結び付けているもの。それは、いかにもパリらしい暮らし方、こだわりや流儀のようなものだ。

I. 　地下鉄のチケットを持っていない人がいたら、一緒に改札を通り抜けさせてあげる。

II. 　9区のトゥリュデーヌ近辺で貸自転車のヴェリブ（Vélib'）に乗り、16区のパレ・ド・トーキョーまで行く。約32分の距離。

III. 　パン屋で買った焼き立てのバゲットを、家に着く前に半分くらい食べてしまう。これはステレオタイプと言ってもいいようなパリジャンの生態。確かにみんなやっている。

IV. 　「ちょっと一杯だけ。明日も朝早くから仕事だから」と言いながら19時15分にバーに入り、結局サンセールを6杯飲んで午前2時に店を出る。

V. 　モノプリで12.99ユーロの「Bourjois」のチークを買って、それを毎日、6年間かけて使う。

VI. 　食事をしながら食べ物の話をし続ける。政治やセックスの話に移るのは、コーヒーが来てからやっと。

VII. 　週末はユルスナールの小説を読み直すつもりでいたのに、Netflixを見て過ごしてしまう。

VIII. ファッションショーを見て、古着屋に行き、ランウェイで見たのと「まったく同じ」服を見つける。

IX. 　新聞各紙すべて買い、カフェのテラスに座る。結局「パリジャン」紙の占いコーナーしか読まない。

X. 　晴れたと言っては文句を言い、雨だと言っては文句を言い、雪が降ればもちろん文句を言い、何にだってひとまず文句を言う。

XI. 　コンピューターには最高のプレイリストが25組も入っているのに、キッチンでは古いラジオで「ラジオ・ノスタルジー」を聴いてしまう。

XII. 15分遅れは時間を守ったこ
とになると思っている。

XIII. マルシェでオーガニックの野
菜を買い、その帰りに近所のブラス
リーでクロック・ムシューを食べて
ランチを済ます。

XIV. 気温が18度を超えるやいな
や、ピクニックに出かける。

XV. 古着屋でサイズが小さい靴を
買い、一度だって履くことはない。

Près des Tuileries avec **Sophie Fontanel**

1区　チュイルリー公園
ソフィ・フォンタネル

連なる部屋
ほうじ茶
コーヒーに生クリーム
グレイヘア

　いくつも連なる部屋には、6つの大きな窓が並ぶ。それぞれの窓には小さなバルコニー。亜鉛板の屋根の下の7階の部屋。ライトブルーのカーテンを、6月のそよ風が揺らしている。窓の外にはチュイルリー公園の木々のやわらかな緑。大観覧車も見える。そして、陽気でいながらどことなくこちらに心を許してこない、そんなパリの町が見渡せる。インスタグラムでソフィをフォローしている多くの人（今この時点で10万人以上になる）ならば、この信じられないような景色もすっかりおなじみだろう。ソフィは毎日のように、インスタグラムに詩的でユーモアの感じられる写真や文章をアップしている。そして自分はちょっとインスタ中毒であると認めている。「美しい衣服」と彼女が呼ぶものをコーディネートするその独特のセンス、そして素晴らしい文章。彼女の崇拝者たちを魅了するのはそれだけではない。誰にもまねできない、彼女だけのパリジェンヌらしい生き方・暮らし方に誰もが魅了されるのだ。この日私たちが彼女の家にやってきたのも、そのためだ。

　パリジェンヌに関して、彼女は鋭い持論を述べた。「パリにしかいないタイプの女性というのがいるのよね。つかみどころがなくて、矛盾に満ちた、そんな女性。メイクはしていないのに、こちらの目をじっと見つめるその強い目には、アイライナーがくっきり引かれているような気がしてくる。セックスについて明け透けにものを言うと思えば、ベッドの中では信じられないくらい恥じらいを見せる。ものすごく大きなサンドウィッチを平らげたかと思えば、その後翌日まで何

も食べない。パリジェンヌでいるっていうことは、何も気にしないっていうこと
じゃないかと思うの」。このパリジェンヌの定義は、そのまま彼女の生き方に当
てはまる。自らの壮絶な性体験を書いた著書『Envie』は、禁欲をテーマにした
もので、フランス国内のみならず、アメリカでも大ベストセラーになった。かつ
て雑誌『ELLE』に執筆し、同誌のファッション・ディレクターも務めた彼女は、
今は自由な暮らしを送り、インスタグラムを楽しんだり、雑誌『L'Obs』で週に
一度コラムを連載して、他の人だったら絶対許されないような筆致でモード界へ
の厳しい判決を下したりしている。ソフィにとって、自分の意見を包み隠した
り、皮肉やウィットに富んだことを言わずにいることは不可能だ。「常に、完全
なる言論の自由のもとに執筆しているわ。常によ」。私たちの中に刻み付けるよ
うにそう言いながら、彼女は、自分の描くパリジェンヌ像を余すところなく見せ
てくれた。「例えば私は、目覚ましなんてかけて寝ないわ。一日のほとんどの時

間ベッドの上にいるけれど、働いていないわけじゃないの。つまり、パリジェンヌってそういうことじゃないかしら。他は気にせずクールにわが道を行くっていうことよ」。人生というテーマを「クールさ」で語る。どちらかといえば南仏のサーファーから聞きそうな言葉だけれど、ソフィの言う「クール」だって間違っていない。ただ、パリの「クール」は、サーファー風のリラックスしたハッピーな「クール」ではない。華やかできらびやかなのだ。例えば、ジュエリーデザイナーのルル・ドゥ・ラ・ファレーズ、モデルでありデザイナーのイネス・ドゥ・ラ・フレサンジュ、シャネルのミューズでもあったモデル、カロリーヌ・ドゥ・メグレ。彼女たちの「クールさ」だ。生まれ育ちが良く、貴族的な雰囲気を持ち、けだるいノンシャランスとボヘミアン的なところ、そして肩の力の抜けた、洗練された魅力を兼ね備える女性ばかりだ。

　その証拠に、というべきか、ソフィ・フォンタネルはとても貴族的な区である16区の中心ヴィーニュ通り、パリのブルジョワ的雰囲気の中で生まれた。彼女の家族は裕福ではなかった。母親はアルメニアからの難民で、彼女が生まれる数年前マルセイユに上陸した。片方の腕で古い『VOGUE』のコレクションを大切に抱きかかえ、もう片方の腕をソフィの父親の腕にしっかりと絡ませながら。「お屋敷の配膳室や使用人用の階段なんかがまだ残っているような建物だったわ。うちの下の通りでは、ジャッキー・ケネディみたいにスカーフを頭に巻いている女性をよく見たし、家族総出でカトリックのミサやユダヤ教の寺院に向かう人たちもいたものよ。16区に住めるなんて、うちの親は宝くじにでもあたったんだわって子どもの頃思ってた。でも、私が住みたかったのはサン・ジェルマン・デ・プレだったの。『カフェ・ドゥ・フロール』に毎日通いたかったんですもの。私が高級住宅地をありがたがらなかったものだから、両親はがっかりしていたわ」。

　そしてその後ソフィは念願を果たし、サンジェルマン・デ・プレのすぐそばのヴェルヌイユ通りで数年暮らすことになる。当時彼女との待ち合わせは決まって「カフェ・ドゥ・フロール」だった。そして彼女はいつも、午後5時を過ぎるとドライな白ワインを1杯とソーセージのスライスを注文するのだった。なぜそんなことを知っているかというと、当時ソフィと私は『ELLE』で一緒に働いていたからだ。彼女よりずっと年下だった私は、こんな完璧なパリらしい時間を自分のメンターというべき女性と過ごせることに夢中になっていた。そして彼女は今では私にとって一番大切な友人だ。

　けれど、ソフィが言うには、「カフェ・ドゥ・フロール」はパリの象徴的な場所とは言えないそうだ。彼女には、パリのカフェについて、長年の経験から得た理論がある。「まわりにいる友達は、『ル・コスト』とか『カフェ・ボブール』とか新しい流行りの店にいつも行きたがっていて、彼らに囲まれていると自分はやっぱりパリの人間なんだなあって若い頃からいつも感じてたわ。私、近所のカフェの方が好きなのよ。だって、近所のカフェの愛想の悪い店員さんに優しくしてもらえるようになることこそ、パリ的なんじゃないかしら？　彼に顔を覚えてもらい、彼のお気に入りになり、コーヒーを頼めば何も言わなくても生クリームを添えてくれるようになる。そういうのこそ、パリらしいと言えるわ」。

　私たちが会いに行った日、ソフィは長期的な計画の途中の状態だった。長年褐色に染め続けてきた髪を染めるのをやめて、完全な銀髪にしようとしているところだったのだ。彼女のインスタのフォロワーは、その過程を日々見ている。そしてこの一大プロジェクトの詳細を彼女の本で読むことになるだろう。ソフィはこれまでの人生でも、機会があるごとに自分の体験を小説につづってきたからだ。彼女の本は間違いなく、世界中の多くの女性たちの反響を呼ぶだろう。現に、花柄のティーセットでほうじ茶を淹れながら（その花柄は、部屋の奥に見えるベッドのカバーの模様とよく似ていた）ソフィは言うのだった。私たちが来るちょっと前まで電話で話していた『AMERICAN VOGUE』のジャーナリストが、彼女のこの銀髪プロジェクトを大絶賛してくれたのだと。ソフィが特に力をこめて主張すること、それはとてもパリらしい考え方だと思う。つまり、女性の人生は、若さだけに集約されるのではない、ということだ。整形手術を受けたり、いつまでも若々しく魅力的でいようと必死で頑張ったりすることなく、年をとっていくことは可能なのだ。「こういう考え方をもっと広めていくために、やるべき仕事はたくさんあるわ。でも、仕事としてやるなんて、全然知的じゃない。私たちがやるべきことは、その考え方を体現している自分を見せることなのよ」。

　彼女のやっていることは、ある種の勇気を必要とする。そして、彼女がさっき話してくれた「肩の力を抜き、人のことはどうでもいいというクールな生き方」と一体をなすものだ。白髪の分量が増えていくにしたがって、彼女は完全な銀髪への道の途中途中で様々な経験を味わった。そして、モード界の人々から寄せられる「親切なご指摘」をやりすごさなくてはならなかった。例えば、ファッションウィークで会ったスタイリストからはこう言われたそうだ。「あなた、その髪

じゃあ男の人には好かれないわよ」。これには、ソフィはこう即答した。「あら、
自分の好きなものがわかっている男なんて、そもそもいるの？」。

　だからソフィは、自分の好きなことをやるのだ。特に服の着こなしで。彼女の
家に行くと必ず、ソフィはクローゼットに入っていき、最近買ったものを見せて
くれる。今回は、「ヴァネッサ・シュアード」のハイウェストのデニムスカート
だった。彼女のクローゼットは夢のような場所。ハンドバッグだけのための棚、
帽子の箱にはあふれんばかりにスカーフが入っているし、Tシャツはきれいに重
ねられ、やわらかそうなセーターは美しくたたまれている。服であふれかえって
いるのかと思いきや、まったくそんなことはない。洋服掛けにはジャケットが何
着か、ブーツはたった2足。インスタグラムで見せる毎日の着こなしから考える
と、驚くべき服の少なさだ。物をかかえこんでいつまでもとっておくのが嫌いで、
定期的に手放すのが習慣となっている。「飽き飽きしてしまうくらい、時代や流
行りに関係ないものばかり買っているわ」。そう言って彼女は笑う。「手元に取
っておくのは、アンティーク屋さんで見つけたもの、それから思い出のつまった
もの。例えばこのソファは、母が張り替えたものだし、この家具はおばが使って
いたものなのよ。本もそう。すぐ人にあげてしまうの。自分がどういう本を読む
人間かを見せるために、いつまでも飾っておく必要はないと思うわけ」。ソフィ
をアイコンたらしめている何かに触れたような気がした。それは、真の軽やかさ、
だろう。

ナチュラルを愛する

　「ナチュラル」という言葉を聞いて何を思い浮かべるか。ジャンヌは少し考えてこう答えた。「恋人のどこが好きかを考えたら、それが『ナチュラル』なものじゃないかしら。例えば、彼の欠けた歯だとか、眠くて閉じかけた目とか。それから、ソニア・リキエルを見ていると、『ナチュラル』って言葉が浮かぶわ。あの存在感のある赤毛とかね。ヴァネッサ・パラディもそう。あのすきっ歯とか。ジュリエット・グレコのかぎ型の鼻もそうね」。つまり、その人のちょっとした欠点？　私たちは、その言葉は気に入らなかった。欠点というのは、「完璧な」笑顔、「完璧な」髪、「完璧な」目があるという前提があるから生まれるもの。私たちは二人とも、「美しいとはこういうこと」という、薄っぺらいくせに厳しい決まりが大嫌いだ。エレガントさや女性らしさには、何千通りもあるというのに。フェミニスト運動には「セルフケア」という大切な言葉がある。これは、アングロサクソン系の活動家たちから始まった。素のままの自分を愛する権利、そして罪悪感なしに自分のケアをする権利。自分の強みも弱みも全部受け入れ、身体も心もまるごと自分を愛することができる。これは、人間の持つ基本的な権利だ。この本のために私たちが出会った女性たちは、誰もがその「ナチュラルさ」で輝いていた。彼女たちは、念入りに作り込んで自分の魅力を高めようとする必要をまったく感じていなかった。そして、どこまでもありのままの自分でいる女性たちだった。

S.H.2013
VOGUE
PARIS
Invitée d'HONNEUR:
Vanessa Paradis
Ses CONFIDENCES, sa FAMILLE, ses AMIS,
son ALBUM PERSONNEL, ses COUPS de CŒUR...
Rare
Recordings
1948-1962

La Campagnarde
12,30
Des Salades
La Crêmière
10,90
salad, tomatoes Goat Cheese on toast
salade, tomates, Chèvre s/ toast
L' Italienne

Faubourg-Saint-Martin avec **Jesus Borges**

10区　フォブール・サン・マルタン通り
ジェズュ・ボルジュ

アマゾンの蝶
「ラ・ファヴェラ・シック」
ジャンプスーツ
エリック・ロメール

　ジェズュとの出会いは、予測不可能であると同時に運命的だった。ある夜、一軒のバーでジャンヌはジェズュを見かけ、スカイブルーのジャンプスーツを着た彼女のすらりとしたシルエットにひと目で恋に落ちた。そして後日私を連れてこのバーに行き、彼女について情報集めをすることにした。今、パリでも一、二を争う人気のレストラン「ジェズュ・パラディ」。その店のオーナーが、ジェズュだった。10区、パッサージュ・デュ・マルシェにあるこの店は、カニのフリッターやオレンジジュースで煮込んだチキン、信じられないくらいおいしいウォッカベースのカクテル、カイピロスカが評判だ。するとその数日後、この本の編集担当のクロエが、私たちに電話をしてきた。「今、約束があって『ジェズュ・パラディ』に行ってきたんだけど、そこで会ったオーナーの女性がとにかく素敵だったの。しかも文学が大好きな人よ。絶対にこの本に出てもらうべき！」と言うから驚いた。

　とにかく、ジェズュをこの本に登場させないなんて、ありえなかった。"ジーザス"を意味するファーストネーム。そんなインパクトのある名前を持つ彼女は、カーボベルデ共和国の出身。44歳で、25年前からパリに暮らしている。部屋の壁はスカイブルー。リサイクルショップで見つけた蝶の標本があちこちに飾られ、何枚もの映画のポスターが貼られている。ジャンヌと私がジェズュに会いに行っ

たのは、ある秋の日の午後。私たちは、彼女のひと言ひと言に夢中になって耳を傾けた。彼女のこれまでの人生は、まさに自分ひとりの力で作り上げたものだった。というのも、芸術家や作家に人気のレストランのオーナーになると運命づけるようなものを、彼女は何ひとつ持っていなかったから。10区の小道にひっそりとたたずむこの店は、常連たちが自分たちだけのものにしておきたくて、住所を言う時もひそひそ声になってしまう、そんな隠れ家的な場所だ。この店で、ジェズュはいつかパリの若い作家たちのための文学賞を作りたいと夢見ている。ここでシェフを務めるアンヌ・デュボスクも、すでに4作の小説を書いている作家だ。

　若い作家のための文学賞。彼女がその夢を抱くようになったのもよくわかる。ジェズュ本人が、パリでの夢をかなえるために闘ってきたからだ。夢に向かう粘り強さ、そして豊かなアイデア。ジェズュを見ていると、ココ・シャネルやエレーヌ・ラザレフといった、自らの事業を立ち上げ、パリの歴史にその名を刻んできた女性たちを思い出す。彼女たちはみな、逆境に負けず、自らの人生を切り開いてきた女性たちだ。「私は長距離バスでパリに来たの。着いたのは、ガリエニのバスターミナル。1992年のことだったわ」。ジェズュは回想する。「8月の暑い日だった。19歳だったの。父親と暮らしていたリスボンから来たのよ。フランス語はひと言も話せなかった」。

　ジェズュを理解するひとつの鍵。それは、彼女がいかにあらゆる文化に精通しているかを知ることだ。大量の本で棚が崩れ落ちそうなほどの本好き。私たちが訪ねた時も、2015年にノーベル文学賞を受賞したベラルーシの女性作家スヴェトラーナ・アレクシエーヴィチの長い一節を読み上げてくれた。そして、セリーヌの書簡集は、たびたび読み返す愛読書だと教えてくれた。本だけではない。演劇からバレエまで、あらゆる舞台を観に行っている。最近はコンテンポラリーダンスの振付家、ピナ・バウシュのバレエ『Groupes』を観にシャトレー劇場まで行ったばかりだし、フィルハーモニー・ドゥ・パリでは、現代音楽の巨匠フィリップ・グラスの室内楽を聴いた。オデオン劇場で最新版の『ヘンリー4世』も観ている。友人のアーティストの話もしてくれた。マダガスカル出身のジョエル・アンドリアノメアリソーは、ジェズュ・パラディのコンセプトを考えてくれたそうだ。ジェズュは週に1回は必ず、カルティエ・ラタンにある小さい映画館に足を運ぶ。「ラ・フィルモテーク」、「ル・シャンポ」、「ル・ルフレ・メディシス」といったミニシアターで、昔の映画、特に彼女の大好きなエリック・ロメー

ルの映画を観る。『獅子座』は20回以上観ているそうだ。「昼の回に行くのが好きなの。上演中でも役者の演技について大きな声でコメントをするお年寄りがいるから。その後"古いカフェ（ヴューラード）"でお茶を飲むのが好き」。「vieux rade（ヴューラード）」——ゴダールの映画に出てきそうなこのスラングを言う時の彼女の発音には、ほんの少しカーボベルデのアクセントが残っていて、まるで美しい詩を聞いているようだった。

　とにかく、ジャンヌと私はインタビューの間、終始感心していた。ジェズュがなんでもよく知っていることに。パリのあらゆるカルチャーを楽しみつくしていることに。パリで生まれ育った人でさえ、ここまでなんでも観ている人はそういない。だからといって、ただの物知りの賢い女性ではない。彼女はファッションも大好き。特に他人にはまねのできない個性的なスタイルが好きだ。安い値段で信じられないような素敵なものを見つけ出す才能。そして確かなテイストで服をスタイリングするセンス。現にジェズュは写真やビデオの撮影のためにスタイリストを務めることもある。これだって、誰かから授かったわけではなく、彼女が自分で切り開き、手に入れた仕事だ。「私は、誰かから受け継いだものは何もないの。何もない土地からやってきたんですもの。私の豊富な知識について、よく質問されるわ。なんでそんなにいろいろなことを知っているの、ってみんな驚くの」。そう言って彼女は微笑んだ。「それはね、私は学ぶことに飢えていたからよ。それが私には必要だったの。父がいつもくり返し言っていたわ。『学んだことは、絶対に邪魔にならないからね』って」。パリの町が与えてくれる知的な栄養素を理解し、享受するために、ジェズュは一生懸命勉強した。「最初の目標は、フランス語をうまく話せるようになることだった。それはこの町で生き残っていくために必要不可欠なことだったから。カーボベルデの狭く閉ざされた社会にとどまることを選んだ姉たちのようにはなりたくなかったの。そこから自分を引き離して、パリでの暮らしに溶け込もうとしたのよ。自分が暮らし始めたこの国を理解しようと、テレビをよく見たわ。そして、誰かがフランス語で話しかけてくれるたびに、感謝の気持ちでいっぱいになった。そうして3か月も経つ頃には、フランス語がすっかりペラペラになったのよ」。その後娘のリサを出産。パリ東部の郊外クレテイユでしばらく住み込みのベビーシッターをした後、「ラ・ファヴェラ・シック」のウェイトレスの職を得たのを機に、市内での暮らしを始める。レピュブリックとサン・マルタン運河の中間にあるブラジリアンバー・レ

ストラン・クラブであるこの店は、今も変わらず同じ場所にある。かつてここは、若いパリジェンヌたちの胸を高鳴らせ、どうしても見に行ってみたい場所、そして、そこにいる人たちの目に留まりたい憧れの場所だった。そして、みんなのおめあてのひとつが、ジェズュだった。「まあ、たしかにあの頃はちょっとかわいかったかもしれないけど」。そう言いながら、恥ずかしそうに彼女は微笑んだ。「でも、私ときたら、あの頃何も知らずにあの店にいたのよ。それまでそういうお店でお皿を運んだこともなかったし、カクテルを作ったこともなかったんだから。それなのに、どういうわけか自分でもわからないんだけど、私はあの店のアイコン的な存在になっていたの。みんな私に会いに来てくれた。今だってそうよ。バルセロナやニューヨークで会う人たちが、私があの店で働いていた時のことを話すのよ。信じられないわ」。ジェズュはなんだかあまりうれしくなさそうにためいきをついた。

彼女が今一番愛を注いでいるもの、それは「ジェズュ・パラディ」。開店して2年になる彼女の店。それから、もちろん、パリの町。この町で出会った友人、知人が彼女にとっては家族のようなものだ。「ここは私の家なの。もう決して離れることはないわ」。実は、ある男性の美しい瞳に恋をして、リスボンに移り住みそうになったことがあったそうだ。恋は彼女にとって最大の弱点。ジェズュはこう明かしてくれた。「これまでいくつもの恋が、私の人生を彩ってきたわ。私ってね、通りで視線を交わし合った男のために、今愛している男を捨ててしまうことがあるの。私はロマンスが大好き。誰かと出会った瞬間に、もうその人がいない人生が想像できなくなるのよ。そういう出会いって、パリの町でしか起こりえないわ。頭をくらくらさせ、心を揺さぶる、そんな出会いはね。心の中で確かに生まれた感情が、ある日突然消えてしまうこともある。恋の話をしだしたら、何時間でも話していられるわ」。ジェズュという女性を作り出しているもの。それは情熱。私たちにはそう思えた。そして、その彼女の情熱は、どこよりもパリの町で輝くのだ。

Notre Paris. 私たちのパリ

パリで恋をする

　パリで恋をする。甘美な響きを持つと同時に、重苦しくのしかかってくるような言葉。だって、パリといえば恋の町。そんなさんざん言い尽くされてきた決まり文句のせいで、この町の恋人たちは、とんでもないプレッシャーを感じてしまっている。あの有名なロベール・ドワノーの写真「パリ市庁舎前のキス」からウディ・アレンの映画に至るまで、パリの町は朝から晩まで恋にあふれていると思われている。でも、もちろんパリにだって、恋人同士の別れはあるし、ロマンティックなんて言葉がかけらも感じられない最低の夜もある。お互いまったく興味のなくなったカップルもいれば、果てしないくらいの年月恋人がいないパリジャンだっている。だから私たちは、パリに対して誰もが抱くこの神話的と言ってもいいようなイメージを根底からくつがえし、打ち壊してしまおうかと思ったりもした。でも、それはしないことにした。パリは恋の町？　もはや現実感のないただの決まり文句。でも、それを手放すのは、いや。

**パリの恋人たちが熱い
キスを交わす場所（あくまで理想）**

I.　ポン・デ・ザールの橋の上。永遠の愛を誓う鍵を欄干につけたその後に。

II.　エッフェル塔の展望台で夕日を見ながら。

III.　コンコルド広場の大観覧車の中。天気のいい夏の朝に。

IV.　ビュット・ショモン公園の柳の木の下。公園内のカフェ「ローザ・ボヌール」の見える場所で。

V.　バトー・ムーシュ乗り場の桟橋で。春の夜。

VI.　10月の夜、サン・ジェルマン大通りで大きな傘に隠れながら。

**パリの恋人たちが熱い
キスを交わす場所（現実）**

I. 　リヴォリ通りにそびえるトゥール・サン・ジャックの下の公園で、茂みに隠れながら。

II. 　パリ16区のシックなプール、ピシーヌ・モリトールの更衣室の着替えブースで。

III. 　午前2時半。ポルト・ドゥ・シャンペレ行きの深夜バスの中。

IV. 　ピガール通りのクラブ「シェ・ムーヌ」横のごみ置き場で。

V. 　フォブール・サン・ドゥニ通りのバー「ル・モーリセット」のカウンターで。

VI. 　ボブール通りのピカールで、魚介類のコーナーを見ながら。

VII. 　その辺の歩道に腰をかけて。特にどこの通りとは言えないけれど。

VIII. 　バーに入って、とりあえずたばこを吸いに出た、テラスの暖房の下で凍えながら。

Sur le canal Saint-Martin avec **Noemi Ferst**

11区　サン・マルタン運河沿い
ノエミ・フェルスト

ラジオ局France Culture
ターンテーブル
装飾美術学校
「ル・バロン」

　ノエミの家には、娘のジジがいる。私たちが訪ねた時、生まれて3か月半のかわいい赤ちゃん。白いコットンのパジャマを着て、バウンサーに揺られながら一生懸命何かをお話し中だった。ノエミは子どもがいる生活に慣れようとしているところだった。けれど決して、あれこれやってはいけないと思うのではなく、とてもパリジェンヌらしいやり方で。「授乳は夜することが多いの。でもたばこはやめてないわ。どこにでも連れて行くわよ。仕事場、夜の食事、パーティ。遅く帰ることはないけれどね」。キッチンのラジオから「France Culture」の番組が小さな音で流れている。テーブルの上は、まだ朝食の片づけをしていない。素朴な風合いの花瓶には、田園を思わせる花が生けられていた。ターンテーブルとその横でいくつもの山に積まれたレコードが、部屋のインテリアの仕上げをしているように見える。あとはあちこちにつるされている洋服が何着かと、入り口のドアの横に燦然と輝く太陽の形の鏡。そこには気持ちの良い太陽の光が反射している。これが、ノエミの家。

　フランスを代表する歌手、シャルル・アズナブールのシャンソン「ラ・ボエーム」。ノエミはまさに、あの歌に歌われている生き方を体現している。決まった時間に食事を取るなんてことはせず、詩でお腹を満たし、世界がよりシンプルで公平な場所になることを夢見ている。ノエミは１年前、造形芸術家であり、DJ、起業家でもある男性とインドで結婚した。そして今は娘のジジと３人で、サン・マルタン運河のすぐそばで暮らしている。ここは、ブルジョワ・ボヘミアンの頭文字をとって「bobo」と呼ばれる人々が多く住む地区。2015年11月13日、この地区がテロの標的になったのは、偶然のことではなかったのかもしれない。ノエミとのインタビューをした時、その記憶はまだ新しく、私たちはすぐにその話をし始めた。「ここに住み始めてまだほんの１年よ」。グラスにミルクを注ぎながらノエミは言う。「９区が完全にスノッブな高級住宅地になってしまって、逃げ出してきたの。グルテンフリーのケーキを売る、ウッディな店構えのカフェばっかりになっちゃったんだもの。ここは、パリの人たちがわいわい集まっていつもにぎやかだし、いろんなカルチャーが集まってくるところ。お気に入りのマルシェもカフェも花屋もあるわ」。「ラ・カーサ・ノストラ」――あの夜、テロの標的となったレストランのひとつ。そこは、彼女の暮らすアパルトマンのすぐ下だった。通りに突然響いた銃声に驚き、窓から身を乗り出したノエミは、花屋の物売り台の前で倒れる男性の姿を見た。「この子がお腹にいるってわかったばかりの頃だった。すぐに田舎に逃げようと思ったわ。市の職員が歩道に流れた血を洗い流しているのを見たわ。そこのすぐ下よ。その後２か月間、そこは、まるでお墓のようだった。言葉にできない悲しみに包まれていたわ。でも、一番ショックだったのは、私たちをパニックに陥らせようとするメディアの報道の仕方だった。それから、いつまでも非常事態宣言を解こうとしない国にもね。だから決めたの。ここにいようって。そんなことに負けずに闘おうって」。

　ノエミはL.A.生まれ。イギリス人と中国人のハーフの母と、イスラエル系ポーランド人の父の間に生まれた。香港とロンドンで暮らした後、一家はパリに居を構える。その時彼女は７歳。「フランス語を学び始めたのは４歳の時。香港のフランス人学校に入れられたの。はじめてパリを見た時、なんてきらきらした町なんだろうって思ったわ。本当にうっとりしてしまったの。だからもうロンドンには戻りたくないって思った。じめじめして寒くて、冬には午後４時に日が暮れるような町にはもう住みたくなかったの」。そして彼女の願いはかなえられた。両

親と一緒に16区で暮らし始めたノエミは、自由気ままで一風変わった子ども時代を過ごした。早くから自分はアーティストになりたいのだと気付き、普通の学校には行かず、バカロレア（フランスの高等学校教育修了試験）も受験しなかった。その代わりに、あの有名なパリの装飾美術学校のアトリエに6年間通い、フローラルなモチーフの絵と繊細なコラージュの作品を制作した。そして、夜のパリも楽しんだ。

　当時、パリの夜といえば、誰もが口にする名前があった。それは、「ル・バロン」。8区マルソー通りにあった小さなクラブ。およそ10年間、パリのパーティ好きの若者たちは、毎夜そこに集まったものだ。あの頃「ル・バロン」で、私はノエミと知り合った。彼女は当時17歳。1940年代風のワンピースか、そうでなければ、胸のところにポンポンの付いた服を着て、毎晩のようにレコードをかけていた。パリの女性DJのパイオニア的な存在のひとりだ。彼女のアパルトマンに漂う、肩の力の抜けたリラックスした雰囲気、そこでの彼女の暮らし方。授乳するために長い髪をかき上げ、ジジを胸に抱きかかえる姿。すべてが「ル・バロン」で会った頃の自由な彼女のままだった。「私たちがあそこで遊んでいた頃のパリは、本当に魔法にかけられたように素敵だった。憂いなんて何もなくて、軽やかな時代だったわ。あらゆる出会いがあって、あらゆる自由があった時代ね」。

　自分を表現したいという欲求を、今、彼女はフェミニスト運動に注いでいる。きっかけはジジが生まれたことだった。「人前で授乳する母親に対する世間の冷たい視線に気づいたの。こういう視線によって、純粋で自然な行為が汚らわしいふるまいだととらえられるようになったりする。それが耐えられなかったの。女性の身体がそういう風に『もの』としてとらえられてしまうことが。女性の乳首を解放しよう！　そう言いたいわ。どうして男性は人前で上半身裸になっても何も言われないのに、女性はそれができないの？　この間、通りでベンチに座ってジジにお乳をあげていたら、男が近づいてきて私を罵ったのよ。そこにお母さんに連れられたちびっこたちが通りかかったの。そして、みんなでその男にブーイングしてくれたのよ。その男に勝った、って気持ちがしたわ」。

　彼女の挑戦は、インスタグラムでも繰り広げられている。投稿するのは、花や娘のジジの写真だけではなく、自分の全裸の写真。それから、音楽も大切な闘う手段。恋人と一緒に立ち上げた音楽サイト「Radiooooo」では、1910年代から現代にいたる10年ごとの時代から選ばれた世界中の歌を聴くことができる。

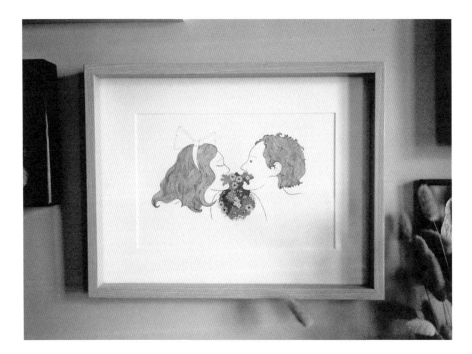

　「私たちには、世界中に協力者がいるの。特に熱心な人はブラジルの小島に暮らしていて、SPレコードのコレクターなのよ。私たちのもとには、毎日500曲以上が送られてくるわ。そこからセレクトして、最高のものをとっておくの。毎朝、たくさんのメールが届くわ。今朝受け取ったメールは、盲目の映画監督からだったの。私たちのサイトが、人生を変えたって、メッセージを送ってくれたのよ。世界がもっと開かれた平和な場所になってほしい。私たちはこの方法で、それを実現しようとしているの」。

パリで子育てをする

　パリの子育ては、肩ひじ張らずに、なんでもあり、が基本。もちろん、子どもが生まれた途端に仕事から何からすっぱりやめて、子育てに専念するお母さんもいる。でも、私たちのまわりでは、どうやら違う。パリの女性たちが自分たちの子ども時代について語ってくれたことを信じる限り、パリの子どもは、世界の中心で王様のようにかしずかれる、というわけにはいかないようだ。

パリの子どもたちの現実

I. 　両親が友人を呼んで自宅で食事をしている夜は、ダブルベッドの上に積まれたコートの山の間で寝ないといけない。

II. 　ベビーモニターを子守がわりに寝かされる。両親は同じ階の隣人宅で食事中。この距離ならベビーシッターを手配する必要なんてないと思っている。

III. 　8歳で、ひとりで歩いて登校させられる。

IV. 　5歳の時から親と一緒にコンサートに連れて行かれる。ただし耳にはヘッドフォンをしたまま。

V. 　横のカフェでパパがばったり友達と会ってしまうと、公園のメリーゴーランドを6周させられる。

VI. 　土曜の朝は市民プールで遊ぶ。といっても、ママは11時からアクア・エクササイズ。

VII. 　4歳の時から、軍隊のおじさんと機動隊のおじさんの区別がついてしまう。軍隊の人はライフルを持って毎朝学校の前を通る人。機動隊の人はデモが始まると盾を持ってやってくる人。

VIII. 　ママがお友達とワインを飲みながらおしゃべりしている間、レストランの紙ナプキンにお絵かきしていないといけない。終わる頃には、ナプキン一面に大作を完成。

IX. 　モノプリでパパが1週間分の買い物をしている間、空いている棚に1時間座って待っていないといけない。

X. 　モンソー公園の池でカモにパンくずをあげただけで、自然とのふれあいに大喜びしてしまう。

97

100年もの間
パリの子どもたちにつけられている
20の名前

オノレ
コレット
フランソワーズ
マルセル
バルナベ
アポリーヌ
バルタザール
セレスティーヌ
アシール
オーギュスティーヌ
ジョゼフ
ジャック
ブランシュ
ベルナデット
マリウス
シュザンヌ
ジャクリーヌ
エルネスト
アルフォンス
マドレーヌ

Boulevard Voltaire
avec **Valentine Maillot**

11区　ヴォルテール大通り
ヴァランティーヌ・マイヨ

ダンス
トランク
3人の子ども
シャネルからの届け物

　第一の人生はダンサー。第二の人生はモデル。第三の人生で母親になり、第四の人生では編集長。そして今、彼女は微笑み、驚くほどの優雅さでたばこの煙をはきながら、私たちの質問にこう答える。「どうかしら、わからないわ」。それがヴァランティーヌ。なんとなく不機嫌そうなのに、憎めない魅力を持った女性。世界中の誰もが憧れるパリのアイコン的な女性たち、例えば、ブリジット・バルドー、フランソワーズ・サガン、イザベル・ユペール。ハリウッドの女優のようにきれいな歯を見せてにっこりと笑ったりせず、漂わせる雰囲気は、良い時ならばメランコリック、悪い時ならちょっと不機嫌。それなのに、自分の欲しいものは瞬く間に手に入れ、世界を我がものにすることだってできてしまう女性たち。ヴァランティーヌはそんなパリジェンヌのひとりだ。彼女は、エレガントでどことなく物憂げなパリの町に似ている。シャネルを着て、壁に現代アートの写真を飾る彼女。きらめきながら、どこか憂鬱さを感じさせる女性。彼女はパリの町そのものと言ってもいい。

　ヴァランティーヌは11区の大通り沿いに住んでいる。忙しく行きかう車と人混みからは想像できないような、小さな庭の奥にある、緑豊かで静かな一角に彼女の住まいはある。とてもモダンな2階建ての一軒家。そして、石を敷き詰めたテラス。夏の最初の日、私たちはまるで自分の家のように、テラスの真ん中に置かれたチーク材のテーブルについた。ここを我が家のように感じてしまうのも無理はない。ヴァランティーヌの子どもたちとは友達だから。大きなパラソルの下、

みんなでロゼを飲んで過ごした夜は数知れず。そして大抵ヴァランティーヌは一緒にいてくれた。ブラックジーンズをはき、まるで十代のようなシルエット。くしゃっとしたウェイビーなボブのブラウンヘア。そしてハスキーな声。いつもなんとなく退屈そうに見えるけれど、実は際限のない寛大さと、人生を謳歌するエスプリにあふれ、友人とワインを飲みながらカルチャーに触れ、にぎやかに語り合う夜を心から楽しんでいた。

　ヴァランティーヌの性格、そして彼女のパリでの暮らし方には、このように相反するふたつの面が感じられる。カトリーヌ・ドヌーヴの冷たさとフランソワーズ・ドルレアの快活さ。北部の落ち着きと南部らしい気質。実際ヴァランティーヌの中にはフランスのこのふたつの要素が同居している。育ったのは北部リールで、母親はマルセイユ出身。「当時リールの町で、オリーブオイルを使って料理

をしていたのは母だけだったわ」。13歳の時、ヴァランティーヌはひとりニースへ移り、夏には20世紀の天才舞踊家、ルドルフ・ヌレエフがマスタークラスをしに来るほどの高名なダンスアカデミーの寄宿生になった。そこで彼女は自立の精神を身に付け、年に3回しか両親の家に帰らなかった。洗濯も自分でし、未来のエトワール・ダンサーとして、強い意志を持った孤高の存在として自らを律し育てていった。早熟な天才だった彼女は、一刻も早く頭角を現そうとし、16歳半でバカロレアに合格すると、ニューヨークへと旅立った。暮らしていたのは、ウェスト・ブロードウェイ通りにあるシェアハウス。奨学金をとり、かの有名なデニス・ウェインのカンパニーに入った彼女は、それまで以上の努力を重ねた。

「世界中のあらゆる場所で暮らしたわ。でも、自分のルーツは南仏にあると思う。南仏からオリーブの木まで持ってきたのよ」。そう言って、彼女は家のあちこちにある、南仏アンデューズ村の陶器に生けられたオリーブの木を指さした。「地中海の色や、暑さが好き。祖父はコルシカの人なのよ」。ある別れをきっかけに、パリで暮らそうと決めたのはほんの10年前のこと。「どの町に行くかは、はっきりとわかってた。パリしかないって。文化に触れたかったし、吸収したかったの。ある友人がこのテラス付きの家を見つけてきてくれたのよ。見た途端に、ここは自分の家だって思ったわ。この家が、ずっと私のことを待っていてくれたような気がしたの。近所に友達もたくさんできて、まるで生まれ育った小さな村で暮らしているみたいな感じよ。ドアを一歩出れば、そこにはなんでもあるわ」。

空が暗く陰り、雨が降りそうな雲行きになってきたので、私たちは家の中に入ることにした。居間の大きな白い壁は、現代アートでおおわれている。その中でひときわ存在感を放っているのが、1987年『ELLE』のためにオリヴィエロ・トスカーニが撮ったヴァランティーヌと娘の写真。彼女は80年代、ピーター・リンドバーグやリチャード・アヴェドン、スティーヴン・マイゼルといった一流フォトグラファーを夢中にさせたトップモデルだった。このモデル時代を経て、彼女は今でもモード界に深いつながりがあるし、素晴らしい着こなしのセンスでイット・ガールの称号を欲しいままにし、そして55歳となった今もそれは変わらない。そんなモデル時代の話をしていたまさにその時、ドアのベルが鳴った。なんと、シャネルからの届け物だった。「ロンドンの空港で荷物が出てくるのを待っていたら、モデルにならないかとスカウトされたの。18歳だったわ。その瞬間、大笑いしちゃった。だってそんなことありえないって思ったから。あの頃モ

デルといえば、ほとんどがスウェーデン出身の長身でブロンドの女の子だったの
よ！」。結局ヴァランティーヌはスカウトを受け、その後数年間、世界中を旅し
て回った。そしてそれこそ、彼女が何より好きなことだった。この頃のことがよ
くわかるから、クローゼットを見せるわ、と言って地下室に連れて行ってくれた。
そこには宝石やバッグや靴に囲まれて、彼女がかつて着た服たちが大切に保管さ
れており、プライベートセールで見つけたというアクセサリーとコーディネー
トしながら、彼女は私たちに見せてくれた。それから目を引いたのは、いくつも
のトランク。どれも一流ブランドのもので、小さなタイヤが付いたキャビン用の
ものだった。「今でも飛行機が私のことを待っていてくれるんだって思いながら、
荷造りをするのが大好きなの。小さなトランクに入れるのは、セーターが1枚と
ストールを1枚。本を何冊かと夜用のドレスを1枚。機内用にグッチのミュール
を履いて、ストレッチのきいたパンツをはき、サングラスをかけて、トートバッ
グを持ったら出発よ」。

　彼女はいつだって、こんな風に生きてきた。いつも突然、けれどしっかりと心
を決めて、人生の新たなページをめくってきた。「モデルっていうのは、本当の
意味で『仕事』だったわ。人生のほとんどを食い尽くされてしまうんだもの。私
には、劇場や自分の子どもや展覧会が必要だった。生きることが必要だったの。
でも、ダンスをやっていた頃に比べたら、ずっと自分の時間が持てたわね。それ
は認めるわ」。モデル時代にヴァランティーヌは、高名な振付師である夫と出会
う。広告のポスターに写る彼女を見て、彼はひと目ぼれしたのだそうだ。二人は
まずトゥールに移り住み、そこで彼女は6年間で3人の子を出産。モデルの仕事
は休止していた。「その時わかったの。私はすごく孤独だって。友情って時間を
かけて築いていくものなのに、私は旅ばかりしていたから。だからあの頃は、ど
こに引っ越したって構わなかったのよ」。その後彼女の夫は仕事でモナコに行く
ことに。ヴァランティーヌはニースに引っ越し、自分のルーツである南仏との絆
をゆっくりと結び直すことができた。そしてその数年後、彼女はパリの高級モー
ド雑誌の編集長の仕事を得て、再び独立する。パリに移り住むことは、必然だっ
た。パリは、美しいものに触れていたいという彼女の欲求を満たしてくれる唯一
の場であるように感じられた。そして彼女の放浪心を静めてくれる場所だった。
けれど彼女は言う。今は昔よりずっと難しい時代になっていると。特に心配なの
は子どもたちのこと。彼らが暮らす、この時代のことが気がかりで仕方ない。

「80年代は、私たちはあまり疑問を抱かずに暮らしていたわ。あの頃、親より
も稼いでいる若者なんてたくさんいたし、みんな独立して、自分の暮らしを確立
していたものよ」。彼女の上の息子は25歳。モードの世界でまばゆいばかりのキ
ャリアを積んでいるが、今でも実家の2階で暮らしている。ヴァランティーヌは
居間をぐるりと見渡す。ずらりと並び、山と積まれた本。ポスター、写真、絵、
美術品、ポストカード。彼女はここで、自分の世界を豊かに育ててきた。そして
この彼女だけの空間には、これまで経験したすべての思い出が大切に保管されて
いる。「若い頃の放浪生活と正反対な暮らしをここで送っているわ。ここに愛着
を感じているの。つまり、パリの町にね」。

食事に来ない?

　こればっかりはどうにもしようがない。親から受け継いだ、とても
もフランスらしい習慣だから。それは、友人を夕食に招くこと。か
なり前から計画していた食事会でも、何かしらその時のアドリブ的
なものが加わる。みんながそれぞれ食べるものを持ち寄るものだか
ら、生ガキが1ダースあるかと思えば、牛肉とニンジンの煮込みも
ある。そして、この組み合わせって意外と悪くない！　と言っては
みんなで大喜び。チーズプレートに何本かの白ワイン。これだって
まったく問題なし。ただし、どんなものが並ぶにしても、テーブル
はちゃんとセッティングしてあること。テーブルクロスをかけて、
ワイングラスを並べ、フルーツの入ったかごも用意。そしてろうそ
くも。こうやって舞台を整えて、いつまでも楽しい夜を長引かせる
のが大事。だって、本当にすごい打ち明け話は、真夜中過ぎに始ま
るもの。こうしてアペリティフをできるだけ長く楽しんだら、22
時半過ぎになってようやく食事が始まる。そして、お皿をつつきな
がら、夜遅くまで会話は続く。

ローレン自慢のレシピ
プロヴァンス風牛肉と
ニンジンの煮込み

1. 鉄製の大きなお鍋を用意。

2. スライスした玉ねぎ1個分とつ
ぶしたニンニクの大粒2片をキツネ
色になるまで炒める。

3. お肉屋さんで切ってもらった牛
肉をお鍋に投入。

4. 肉が黄金色に焼けてきたら、ス
ティック状に切った1キロ分のニン
ジン（皮はむいておく）を加える。

5. そこに、ひたひたになるくら
い赤ワインを入れる。おすすめは
「コート・デュ・ローヌ（Côte du
Rhône）」。

6. タイム1束、ローズマリー1枝、
ローリエの葉1枚、クローブ1本、
ピンクペッパーを少々加える。

7. ふたをして、弱火にかけたまま、
お鍋のことはしばらく忘れる。

8. できあがり。さあ、召し上がれ。

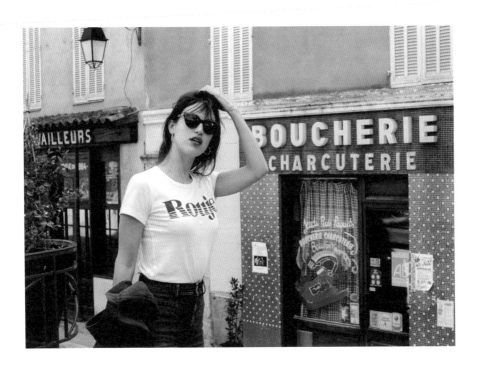

Sur l'île Saint-Louis avec **Emily Marant**

4区　サン・ルイ島
エミリ・マラン

テイクアウトのコーヒー
ローファー
有名デザイナーの叔母
セーヌ川に浮かぶ島

　エミリの頭の中のパリは、とても小さな町。24時間もあれば、縦横に何往復もすることができる。彼女はパリを、手の中に入れて持ち歩いているかのよう。どんな小さな片隅も知っているし、ほとんどの人が知らないようなスポットも、もちろん知っている。生まれた時からこの町で暮らし、十代になったばかりの頃から友達のスクーターの後ろに乗って、屈託なく、自信たっぷりの笑みを浮かべて走り回り、親たちが出かけてしまえば、大きなアパルトマンに友人を呼びあい、パーティ三昧の日々を送った町。彼女にとってパリはそんな町だ。

　インタビューの日、サン・ルイ島にはロマンティックなけだるさが漂っていた。パリの真ん中にあるこの小さな島は、普段、地元民より観光客や修学旅行生に出くわすことの方が多い。彼女に教えられた通りまで行くと、私たちはテイクアウトのコーヒーを買いにカフェに寄った。店の男の子は一瞬意外そうな顔を見せたけれど、日頃アメリカ人から受けるテイクアウトの注文には慣れているようだった。インタビューを申し込んだ時、エミリは、マレ地区にある自分の部屋ではなく、この島にあるアパルトマンまで会いに来て、と言った。両親が所有するそのアパルトマンは、ひとり暮らしにちょうど良い部屋で、借り手が途絶えることはほとんどないそうだ。約束の少し前に電話を入れると、彼女はマレ地区の部屋に迎えることができないことを謝り（その部屋には彼女の友人が泊まっていた）、来る時エスプレッソを買ってきてくれないかと言った。

　エミリは常に忙しく動き回っている。若くして起業家となった彼女のアパルト
マンは、ビジネスのベース・キャンプであるだけでなく、パリを訪れる友人たち
の宿泊所になっている。仕事場は、パリのあらゆる場所。友人の家、父親の家。
仕事さえできれば、場所にこだわりはない。私たちが訪ねると、彼女はまだ濡
れたままの髪で、ちょっとしわの寄ったTシャツを着て、「J.M.ウェストン」の
クライン・ブルーのローファーを履いていた。絶えず携帯にチラチラと目をや
り、メールの着信音がするとそのたび声をあげ、メールの文面を見ては、ため息
をつく。彼女は私たちと一緒にいながら、常にどこか別のところにいるような気
がした。私たちをあたたかく迎え、インタビューに答えてくれた。けれどその一
方で仕事に追われ、どことなくイライラしていた。エミリは1年前、「Studio
Marant」を設立。20世紀の初頭、オスマン通りにあった祖父の写真スタジオか
ら名前を付けた。かの「アルクール」と肩を並べる写真スタジオだったそうだ。
新しい「ステュディオ・マラン」で、彼女はアートとデザインのコンサルタント
をし、限定版の美術品のプロデュースをアドバイスしたりしている。ロンドンの
レイヴンズボーン大学、ニューヨークのバークレーカレッジ、パリのファッショ
ン専門学校Mod'artでグラフィックデザインとマーケティングを学んで以来、常
にアートとクリエーションの世界に携わっている。その交友関係は、例えば、ク

レージュの若きデザイナーであるセバスチャン・メイヤーとアルノー・ヴァイヤン。趣味は、サン・トゥーアンの蚤の市で掘り出し物を探すこと。それから、美術館巡り。卒業前に研修をしたマイヨール美術館やマルセイユ現代美術館がお気に入り。MAMO（マルセイユ現代美術館）には、週末足を延ばしてよく訪れるほどだ。

　子どものような、思わずこちらの気持ちがほころんで何でも許してしまいそうな、そんな笑みを浮かべながら、エミリはこれまでの自分の経歴を語ってくれた。こういう微笑みは、パリジェンヌにしか見られないものだ。内緒だけれど、ジャンヌもこんな風に、そっけなさと愛嬌の入り混じった微笑みで、こちらをドキッとさせる才能の持ち主だ。

　エミリは幼少時代を、パリとニースで過ごした。だから時折たまらなく自然の中に身を置きたくなるし、定期的に南仏に行きたくなる。パリでの子ども時代の思い出は、スイイーの素晴らしい邸宅とモントルイユに暮らすアーティストのアトリエの中庭。この中庭で、錬鉄職人たちに囲まれて過ごした。そんな子ども時代を過ごした彼女に、まずはイギリスのエッセンスが加わる。これはロンドンの知識階級出身の母親からのもので、母は彼女をケイト・モスの母国語で育てた。そして、マルティニーク出身の義理の祖母、上海での研修、ニューヨークで過ごした1年間、パリ郊外への変わることのない愛着なんてものを加えると、今のエミリ・マランが出来上がる。彼女の語るパリは放浪の舞台のようで、そこにはブーローニュやメゾン＝ラフィットのような郊外の高級住宅地もあれば、パリ2区にあるアール・デコ様式の映画館「グラン・レックス」やサン・ジェルマン・デ・プレも登場する。

　あちこちを放浪するように移動した子ども時代の影響で、2晩続けて同じところで寝られないという癖がついてしまった。パリに暮らすファッショナブルな女性たちがみなそうであるように（ちなみに彼女は、1994年からパリのファッションシーンをけん引するデザイナー、イザベル・マランの姪だ）、彼女も数々のナイトスポットの常連だった。例えば、2区のグラン・ブルヴァール界隈にあるクラブ「ル・プルプ」では、17歳の頃、DJクロエやミス・キトゥンの流すエレクトロ・ビートで朝まで踊っていた。仲間とサン・マルタン運河のほとりに集まり、シックなブラジリアン・クラブ「ラ・ファヴェラ・シック」に流れたりする夜もあった。

　エミリはこんな風に、世界中の若者がうらやむようなナイトライフを送ってき
た。ロンドンでアートを学んだ後、ようやく彼女は居心地のいい住処に落ち着こ
うと考えた。それが、今回私たちが訪れることのできなかった、マレ地区のアパ
ルトマンだ。「パリのいろいろな場所で暮らしたわ。サン・ドゥニ通りのちょっ
と怪しげなあたりとかね。あの辺をぶらぶらするのは大好き。それから、もうち
ょっとbobo（ブルジョワ・ボヘミアン）な感じのところだと、ブルターニュ通
りとか。近くにある市場のマルシェ・デ・ザンファン・ルージュまで行って、新
鮮な食材を買うのが好きだったな」。

　彼女が自分を一番パリジェンヌらしいと感じるのは、カフェのテラスでたばこ
を吸っている時。カフェはどこでも構わないらしい。一方、私たちが彼女を一番
パリジェンヌだと感じた瞬間は、彼女があっけらかんと「私、化粧ってまったく
しないの！」と言った時だ。移動はほとんど歩きか地下鉄。パリは彼女にとって、
本当に小さな町だから。「私のアシスタントは、マルセイユの出身なんだけど、
私みたいにたくさん歩いたことないんですって」。彼女は自分の考えるパリジェ
ンヌ像を体現している。「アクティブで、一度に30くらいのことを同時にやって
いる人。仕事をして、自分の教養を高めて、常に動き回っている人。気になった
人のことを頭から足の先まで見るような女の子もそうね。スノビズムからではな
く、本当に好奇心から観察しているのよ。パリではみんな、お互いをよく観察し
ているでしょ？」。そう、確かに私たちも、彼女のことを観察し、楽しんでいた。
自分のものではないアパルトマンで落ち着かない様子。少しでも自分らしい空間
にしようと、暖炉にスイートピーの花を飾ったり、犬の置物やアートのオブジェ
を置いてみたり、とにかく忙しい。すると突然、あれこれあわただしくやってい
たことをすべてやめ、今度はアートの本を手に取り、ページをめくって、私たち
にある作品を見せてくる。そしてそれが終わると、彼女はようやく、ひと息つく
のだった。

真っ赤なルージュ

　パリジェンヌたちにとって、魅惑し、誘惑するための一番大切な
儀式。それは真っ赤なルージュを引くこと。ほとんどノーメイクで、
唇だけ赤く。これがパリでは一番魅力を引き立ててくれる唇の演出
法。

パリジェンヌたちの
お気に入りの赤いルージュ

ローレン・バスティード
Shu Uemuraの「Matte 370」

写真家 サスキア・ラワックス
MACの「Ruby Woo」

ジャンヌ・ダマス
Bourjoisの「Rouge Velvet 08」

映画監督 レベッカ・ズロトヴスキ
Rouge Baiserの「Coquelicot」

写真家 ソニア・シーフ
Chanelの「Rouge Coco Carmen」

シューズデザイナー アメリ・ピシャール
Narsの「Jungle Red」

Place Pereire *avec* **Dora Moutot**

17区　ペレール広場
ドラ・ムート

トロールの人形
ビルケンシュトック
ウェブサイト
花と緑

　パリジェンヌであるならば、常にネイビーのセーターを着て白いスタンスミスを履き、趣味のいい着こなしの女神のようでなくては、と私たちは思い込んでいる節がある。でも、そんなパリジェンヌのイメージにまったくあてはまらないのが、ドラ。彼女のことは、あてもなくネットを見ている時に偶然見つけた。ジャーナリストである彼女は、「Gazette du Mauvais Goût（悪趣味画報）」というサイトを立ち上げ、サイケデリックな色で、人によっては下品にすら思えるテイストのビデオや写真を楽しそうに投稿し、キッチュなものへの愛を爆発させている。とにかくバカげたものが大好き。それもパープルでラメがキラキラしていたら言うことなし。そういったものを通して、彼女を魅了してやまない人間の精神のある一面を、人類学者のように探求しているみたいに見える。だから、私たちが訪ねていった時、彼女がパリジェンヌのユニフォームのようなかっこうからかけ離れたいでたちで現れても、何も驚かなかった。ネオンカラーのタイダイ・プリントの一風変わったワンピース。足元はシルバーのビルケンシュトック。爪はグリーンのマニキュアにラメがきらきらしていた。なんとなく気が乗らなそうな感じで私たちを迎え入れ、もうこの建物にはうんざり、と言う。レンガにとじこめられているみたいな建物で、まるでベルリンにでもありそうな感じがするのだそうだ。そう言われながら入った彼女の部屋は、ジャンヌと私には不思議なくらい居心地がよかった。テイクアウトしてきたコーヒーを手に、オフホワイトのソファに私たちが腰を下ろすと、ドラは十代の頃の思い出を話し始めた。それは、

一般的な十代とはかなり異なるもので、普通とはちょっと違うパリを楽しんだ
日々だった。子ども時代の一部は、このアパルトマンがある17区テルヌ地区で過
ごした。ここは、家族で暮らす世帯が多い住宅地。そしてドラはもうこの地区に
うんざりしていた。それでも、良い点もあるらしい。17区は花と緑の手入れにか
なりのお金をつぎこんでいる。「私は花がないと生きていけないの。そして17区
は花のためにかなりの予算を割いているのよ。時々カメラを持って、町の中のプ
ランターや花壇の写真を撮りに行くことがあるわ。ルヴァロワやバガテルの庭園、
ブーローニュの森まで歩いて行くこともあるのよ」。

　私たちの仲間の多くがそうであるように、ドラもちょっと変わったところがあ
る。でも、彼女の場合はそのちょっと変わったところが、他の人より多そうだ。
奇妙なものへの愛着は、彼女の子ども時代にルーツがあるのかもしれない。母親
はイスラエル生まれで、父親はアルジェリア生まれ。ドラはワシントンで生まれ
た。そしてその後、パリ郊外、フランクフルト、ロンドン、ニューヨークで暮ら
す。ものすごいスピードで順番もばらばらに説明するものだから、彼女の足取り
をきちんと時系列に並べるのは一苦労だった。私たちがなんとか結論付けられた
ことは、ドラは今暮らしている建物と同じくらいデコボコした道のりを経てきた
ということ。「両親は信じられないくらいバッド・テイストな人たちよ。父は靴
下の上にサンダルを履くような人だし、母はもともとすごくきれいな人だから、
身だしなみを一切しなかった。もっとも、今でも何もしないけど。ファッション
にはまったく興味がなくて、いつも使っているバッグは製薬会社の「Sanofi」の
ロゴが入った広告用のリュックサックだったわ。あの両親から、私はアイロニ
ーとは何かを教えてもらったの」。たしかに、ドラは皮肉の精神にあふれている。
独特の辛辣な言葉を使いながら、しゃれや婉曲表現を楽しんでいる。「両親は今、
外国にいるわ。姉はサンフランシスコにいるし、友人はブラジルとかドイツにい
るの。パリは、私にとって基準となる起点のような場所ね。どこよりもよく知っ
ている町だし。4歳から7歳までと14歳から20歳まで、この町で暮らしたわ。そ
して、常に戻ってくる町なの。ここには二人の祖母が暮らしているし。私、本当
に超おばあちゃん子なのよ」。

　彼女が過ごしたパリの日々を話してくれた。17歳からひとり暮らしをしていた
そうだ。シャトレ・レアールには、髪を染めに行ったり、ピアスを開けに行った
りした。大好きなゴシックテイストのブティック「ル・グルフト」に通いつめ、

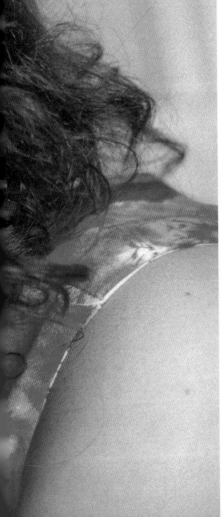

セーヌ川に浮かぶ船のクラブ「ル・バトファー」にパンクロックのコンサートを聴きに行き、「アンドレア・クルーズ」のファッションパフォーマンスに夢中になった。そしてリシャール・ルノワール通りやベルヴィルの古道具屋で、メイドインチャイナのありえないようなキッチュなものを探した。「私は子どもの頃からずっと、ピンク色のものが好きだったの。それから、マイ・リトル・ポニーのおもちゃもね。今もそれは変わらないわ。十代の頃はほとんどありとあらゆるサブカルチャーを楽しんだわ。パンク、エモーショナル・ハードコア、フルオ・ミュージック。学校に行き始めの頃は、ちょうど"カワイイ"カルチャーの真っただ中だった。そこら中にリボンをつけてたわ。学校の先生は、マルジェラっぽいテイストの人たちで、いつも私に言ってた。『ドラ、あなたって本当に趣味が悪いわね！』って。だから皮肉もこめて、私が大好きな趣味の悪いものを紹介するサイトを作ったの」。

　軽やかに、ユーモアのセンスたっぷりに行動する彼女は、シモーヌ・ドゥ・ボーヴォワールやカートゥーン作家のクレール・ブルテシェを思わせる。どちらもパリの偉大なる知性というべき女性。そしてこの二人がそうであったように、ドラもファッションが大好き。彼女のアイデアと同じくらいキラキラと輝きを放つスタイルを楽しんでいる。テキスタイルが好きすぎて、今企画中のプロジェクトでは、新興国における伝統的、現代的な衣服に関するドキュメンタリーを作って

Quartier de Pereire

いるところ。衣服文化を通してひとつの国を知ろうという試みだ。すでにパイロット版をモロッコで撮影済みらしい。そんな彼女は、自分の服の着こなしに関して、人にショックを与えることを恐れてはいない。あらゆるものを試す彼女のスタイル。例えば、猫耳がピンと立ったレインコートやネオンカラーのオランダ製の自転車などは、近所の人にはおなじみだ。「付き合った男たちには、いろんなタイプがいたわ。最初の彼はコミュニケーションサイトのCaraMailで知り合ったスケートボーダーだった。だけど、髪をドレッドにしたから振っちゃった。その後付き合った子は、顔の前に4キロメートルくらいありそうな長さのプラチナブロンドの前髪を垂らしている子だったわ」。

　こんな風に恋愛遍歴を語り出すと、ドラの口調は急に変わった。これはパリジャンたちが恋の話をし始めると、よく起こること。テンションが一気に上がり、手ぶりも派手になり、人の話に割って入るようになる。会話のテンポは速くなり、熱がこもってくる。我れ先にと意見を述べ、自分の経験を語り、みんなの答えを聞きたがる。ドラは恋愛に関しては保守的な方だった。「私はロマンティストなの。それにかなり古風な結婚観を持ってるわ。子どもを持つのは結婚してからって思っているし。今の出会い系カルチャーにはちょっと違和感を覚えるの。私たちの世代は、恋愛にじっくり時間をかけないでしょ。すぐにベッドに直行って感じで。私はもっと、お互いを求める気持ちを育てていきたいタイプなの」。

Notre Paris. 私たちのパリ

さあ、踊ろう

　パリジェンヌは小さなクラブが大好き。入るのに何時間も並び、最後には必ず、次は木曜に来よう、そうでなかったらもう来るのはやめよう、と誓い合うのがいつものパターン。

　その他の時間は、その時の気分で。

DJノエミ・フェルストの
プレイリスト

I.　« Sans mensonges »,
Marie Gillain

II.　« Nana »,
MSTRD

III.　« Season to Season »,
Lynsey de Paul

IV.　« Love in Space »,
Mclane Explosion

V.　« Paris, Paris »,
Josephine Baker

VI.　« Classé X »,
Jane Birkin

VII.　« It's all up to you »,
Jeanne Mas

VIII.　« Starlight »,
Risqué

IX.　« Most of All »,
Saint Tropez

X.　« La Parisienne »,
Marie-Paule Belle

À Belleville
avec Lola Bessis

20区　ベルヴィル
ロラ・ベシス

リコッタチーズとほうれん草のパイ・ペストリー
サロペット
ジョン・カサヴェテス
バーのカウンター

『勝手にしやがれ』、『５時から７時までのクレオ』、『ムーラン・ルージュ』、『アメリ』、『天井桟敷の人々』、『北ホテル』、『地下鉄のザジ』、『家庭〈Domicile conjugal〉』、『猫が行方不明』、そして『レミーのおいしいレストラン』。ちょっとタイトルをあげただけで、わかること。パリは映画の町。映画が大好きで、とんでもなく映画が似合う町。映画の話を抜きに、パリを語りつくすことなんて到底無理。そして、映画を通してパリを語る、そんな機会はとある冬の日に訪れた。若い女優であり、評論家から高い評価を得る映画監督でもある、ロラ・ベシスと会ったのだ。彼女がどんな女性なのか、私たちはどうしても知りたかった。自分の監督作品が上映される映画祭のレッドカーペットで、いつもちょっとぼさぼさの髪のまま現れる彼女。そんな彼女がとてもパリジェンヌらしいと思ったから。

　ロラはパリ14区で生まれた。父親はチュニジア人で母親はイタリア人。育ったのは８区にあるモンソー公園のすぐそば。彼女は今、同じく映画監督の恋人と暮らしている。彼とは19歳の時出会った。３年前一緒に脚本を書き、監督をし、制作した『Swim Little Fish Swim』は彼女の最初の映画となる。低予算で作られた、知性の感じられるインディペンデントな長編映画。魅力にあふれたこの映画の舞台は……ニューヨーク。ロラはこの町で５年間その恋人と暮らし、二人の夢

を追い求めた。「パリだったら、こんなに簡単に映画を作れなかったと思うわ。ニューヨークはインディペンデント映画の製作が、ずっと簡単なのよ。これは私にとって、監督として女優として初めての映画。ニューヨークはどこよりも素晴らしい学校だったわ。でも、評価を得たのはパリでだったのよ！」。いくつもの賞をとったこの映画の主人公は若いフランス人女性。ニューヨークでビザの問題を抱えながら、どうしてもこの町を離れたくなくて、友人カップルの家に居候する。そして、彼らのソファで寝起きし、売れないアーティストの男と知り合っていく。ロラは、自分のことについて話してくれた。それは、その主人公の物語とちょっと似ている。生まれ育ったパリを離れてニューヨークに行ったことで、パリの町が自分にとってどんな存在であるかを彼女は知った。「パリに戻ってきた時、私はこの町のことを何も知らなかったんだなって思ったわ。17区で育って、高校はカルノー校に通ってた。そんな子ども時代を送ったから、彩り豊かで同時に矛盾にも満ちたこの町のことが見えずにいたのね。ニューヨークに行ったおかげでパリをそれまでと違った見方で見ることができるようになったの」。

　私たちが会いに行った時、ロラはベルヴィルに引っ越したばかりだった。広く起伏の多いこの地区は、現代風の建物と昔ながらの路地が並び、流行りのレストランと地元民に人気のバーが同居している。歴史的に、移民を多く受け入れてきた地区だったベルヴィルは、パリの町でも特に、様々な文化が入り混じり刺激しあう場所だ。かつてエディット・ピアフが住み、ウィリー・ロニが写真におさめ、ロマン・ガリーが小説『La Vie devant soi（これからの一生）』の舞台にし、シモーヌ・シニョレ主演の映画『肉体の冠』の舞台にもなった町。そして次第に、パリのboboたちが、いつか暮らしたいと夢見る場所になってきた。ジャンヌと私も、実はそうだと認めざるを得ない。だって、古い歴史を誇るアート・センター「ラ・ベルヴィロワーズ」の近くに住み、コンサートや展覧会を楽しみたいし、ビュット・ショモン公園の芝生でくつろげるなんて最高。ロラは恋人とその夢を実現した。二人のアパルトマンはロフト風の造りで、最大限に光を取り込めるように、壁をすべて取り払ってしまおうと考えているらしい。私たちが訪ねていった時、ベルヴィルのアパルトマンにはまだ開けられていない段ボール箱が並び、彼女の恋人はまだベッドの中だった。椅子もカップも数が足りなかったので、私たちは、ベルヴィル大通りのバーに移ってインタビューすることにした。そこでは、カウンターで飲むエスプレッソが1杯1ユーロだった。

　ロラはなんだか申し訳なさそうだった。引っ越したばかりで、パリのそのあたりのことをよく知らず、私たちに話せることがなかったからだ。彼女がよく知っているのは、セーヌ川をはさんだ反対側、6区にあるサン・ミシェルの映画館が集まっているあたりだ。実は前の晩も、二人はそっちのアパルトマンにいたそうだ。「映画館『サン・タンドレ・デ・ザール』のある建物に暮らしていたのよ。映画館はうちの居間の真下だったの。運命的だと思わない？　時々、うちの郵便受けに映画館宛ての郵便が入ってることがあって、そうしているうちに支配人と顔見知りになっていったわ。それで、私たちの映画の上映会もさせてもらえることになったのよ。あそこでアメリカの無名のインディペンデントムービーの上映会をやって、その後うちでワインとベジタリアンフードを囲みながらパーティするのが夢だったわ」。そう言うと、彼女は次々と映画のタイトルをあげていった。サフディ兄弟の『Lenny and the Kids』と『Mad Love in New York』、マット・ポーターフェルドの『Putty Hill』……。「私、料理が好きなの。きっと、イタリア人の祖母ゆずりね。7歳の時、肉も魚も食べなくなってから、自分で自分の食事は作ってる。私の作るリコッタチーズとほうれん草のパイ・ペストリーはパリ中で有名なんだから！」。ロラは今まで住んでいたサン・ミシェルのアパルトマンが懐かしそうだった。「古いアパルトマンだったわ。ベルサイユ様式に組まれた寄せ木の床で、とてもきれいだったの。そこにあるものは、全部あちこちの古道具屋で見つけてきたものよ。ニューヨークから持ち帰ってきた70年代の黄色いアンティークのソファは、映画の装飾にも使ったの。あとは、パリの慈善団体のリサイクルショップで見つけたわ」。着るものにも、同じことが言える。その日彼女はデニムのサロペットワンピースを着ていて、とてもよく似合っていた。そんな彼女のボヘミアン的でクールなスタイルは、アテネからL.A.まで世界中の古着屋で見つけてきたものたちをアレンジすることで生み出される。

　ニューヨークから戻って4年後、二人は変化を求めて、ベルヴィルに引っ越すことにした。そして今では、このアパルトマンが、二人の世界の中心だ。二人はここでいつも一緒に仕事をし、シナリオ作家をここに呼ぶ。「私たちは、ここでちょっと引きこもり気味に仕事してるわね」。打ち明けるようにそう言う。この引っ越しは、彼女にとって唯一の大きな出来事ではない。女優としてのキャリアも、目下フランスで勢いを増している。「人と会う機会も増えたし、仲間も増えて、どんどん素晴らしいオファーに恵まれているわ」。そのために、レッドカー

ペットに対する恐れを克服しなければならなくなった。「小さい頃、家族写真を撮るたびに、親が私にちゃんとポーズをとらせたの。それがいやで仕方なかったわ。いっつもふくれっつらして写ってた。でも、少しずつそれがいやじゃなくなっていったわ。一番インスピレーションを与えてくれるのは、映画監督のジョン・カサヴェテス。大手会社の素晴らしい映画にたくさん出て、稼いだお金を自主制作映画に注ぎ込んだのよ。自由な生き方だと思う」。ロラが言うには、パリへの愛を宣言し、表現することで、仕事での活躍も実現できているそうだ。「今、自分ひとりで監督する映画のシナリオを書いているの。舞台はパリ。しかも夜のパリよ。だってこの町で夜何が起こっているか、実のところみんなあまりよく知らないでしょ？」

トレンチコートを羽織る

　これは統計的に明らかな事実。この本のために会った女性の100％が、トレンチコートを持っている。その多くは古着屋で見つけたもの。そして、冬でも夏でもいつでも着られるように、家のコート掛けにかかっている。雨の日に羽織り（これはよくあること）、季節の移り変わりの時期に羽織り（パリでは１年のうち10か月がそう）、夜出かける時に羽織り、日曜の散歩の時に羽織る。シンプルな装いの時、シックな装いの時、働いている時、お休みの時、誘惑したい時、誰にも見られたくない時、元気な時、元気がない時、ジーンズをはいている時、ワンピースを着ている時、フェミニンな気分の時、マニッシュなスタイルを楽しみたい時、踊りに行く時、仕事に行く時……いつだって私たちはトレンチコートを羽織る。

Gare de l'Est
avec **Dorine Aguilar**

10区　パリ東駅
ドリーヌ・アギラール

ボルドー
恋人
小さな車
古着屋

　インタビューの真っ最中。恋人のエリオットが突然アパルトマンにやってきた時のドリーヌの顔。あれはみんなに見てほしかった。「来ないでって言っておいたじゃない！」。そう言いながら顔を赤らめるドリーヌの横で、エリオットは楽しそうに微笑んでいる。二人とも、本当にキュートで、お互いに夢中。もしこの本が、パリの恋人をテーマにしたものだったら、表紙は二人の写真で決まりだったはず。付き合い始めてもう10年以上。出会いは2000年代に人気を博したSNS「Myspace」でのこと。そして、ドリーヌはボルドー郊外を離れ、エリオットの暮らすパリへやってきた。今から7年前のことだった。

　パリに来たのは、エリオットのため。そしてもうひとつ。ダンスのためでもあった。ダンスとパリ。まるで恋人同士のような素晴らしい組み合わせ。バレエ、ヒップホップ、『パリのアメリカ人』からオペラまで。ダンサーたちの心をこんなに湧き立たせる町はない。厳しい鍛錬を必要とし、その人の人生そのものになる芸術。ダンスによって、多くの人の運命が導かれ、築かれてきた。パリ市内、そして郊外には数多くのダンススクールがあり、そんなスクールのひとつで、ドリーヌは講師をしている。毎晩、6歳から66歳までの生徒にダンスを教えているだけではない。ハンディキャップを持つ大人のための「ハンディ・ダンス」

のクラスも受け持っている。学校があるのは、パリ郊外セーヌ・サン・ドゥニの町ガニー。パリ市内の自宅から学校まで、彼女は愛車の小さなフォードKで通っている。駐車スペースが見つからないパリでは、車を持っている人があまりいない。けれど、郊外での仕事のため、ドリーヌにとっては必要な移動手段だ。「いつもレッスンが終わるのは遅い時間で、それからRER（パリ市内と郊外を結ぶ鉄道）に乗って帰る気にはなれないの。それに、私が住んでいるのはインド人街で、日中はそこで働いて、夜には別の場所にある自宅に帰る人が多いのよ。だから、帰宅する頃にはいつでも駐車スペースが見つけられるというわけ」。

　ドリーヌは、情熱を傾け、後に自分の仕事となるダンスに、10歳の時出会う。「プロのダンサーになるには、ずいぶん遅いわ」と彼女は言う。けれど、それは神からの啓示のようなものだった。クラシックバレエからヒップホップまで、あらゆるレッスンを受け、夏には研修を受けに行った。インタビューの日、ティーカップを前にきちんと腰かける彼女を見ていたら、優秀で、熱心で、真面目な十代の頃の彼女を思い浮かべるのは簡単だった。彼女のアパルトマンは、東駅のすぐそば。バスの走る音や、行きかう車の音が聞こえてくる。彼女の猫が、こちらにやってきて、私の取材ノートに触れていく。5月の大粒の雨が、窓にあたって音を立てる。通りでは生地商人たちが、インドの七色に光る生地を何ロールも積み上げて、手押し車を押しながら通行人の間をすり抜けていく。食料品店では、様々なスパイスとお香が売られている。そして通りを行ったところには、今一番人気のベジタリアンレストラン「ソル・セミラ」がある。ドリーヌはお茶のおかわりを出すと、話を続けた。

　17歳の時、プロのダンサーを目指す教育を受けないかというオファーが来る。けれど、法学の道にも魅力を覚えていたドリーヌは、大学に通いながらダンスのプロを目指すことに。1年後、舞台『アーバン・バレエ』のダンサーに選ばれる。ラヴェルの『ボレロ』をヒップホップで踊るこの舞台は大成功をおさめ、その後何度もワールド・ツアーをする。3年間、彼女はツアーを回り、その後パリにたどり着いた。一人前の大人に成長し、パリでの暮らしを始める準備はいつでもできていた。暮らす地区は迷いなく決めた。それは、10区。エリオットが北駅のそばで暮らしていたし、彼の両親もサン・マルタン運河の近くに住んでいたから。多くのパリジャンがそうであるように、自分になじみ深い地区の外で暮らすなんてありえなかった。そこに10区がある限り、彼女はそこにいるのだ。

　ドリーヌは朝早く起きるのが好き。そうでないと「なんだか悪いことをしているみたいな気になるから」。朝は大量のコーヒー、そしてオレンジジュースを飲み、ヌテラを塗ったパンを何枚も平らげる。といっても、彼女は週に17時間もダンスをしているし、その上３時間ヨガをやっている。朝は、オーディションのための練習。彼女は、うれしそうに話してくれる。ミュージカルのオーディションの控室で待っているダンサーたちのピリピリした雰囲気。そして、現代舞踊の振付師が口にする「ダンスしていない時のダンスがいいね」というようなわけのわからない講評のことを。彼女が自分をパリジェンヌだと一番思う時。それは、自転車でサン・マルタン運河の岸を走り、いろいろな人たちとすれ違う時。「サリーを着たインドの女性。ベビーカーを押すお父さんたち。そういう人たちを見ると、ああ、パリだなあって思うの。この多文化なところ、一風変わっているところ、みんながわきあいあいとしていて、楽しそうなところ。パリのそういうところが、11月13日のテロ以来、ますます強まっていると思うの」。そしてもうひとつのお気に入りの時間は、夜、エリオットが作るパスタ料理を、友人たちと囲んで過ごす時だと話してくれた。

　近所に出て、写真を撮りに行くことにした。トレンチコートを羽織り、ベルトをきゅっとむすんで、まさに雨の日のパリジェンヌらしいスタイルだが、彼女がふとパリについて話すことが、12時から２時間、商店が昼休みを取るような、地方で育った日々を垣間見せる。「パリって、いつだって何かしらすることが見つかる町なのよね」。そう言って、彼女はパリのお気に入りの場所の名前をあげはじめた。サン・ジェルマン・デ・プレの「シネマテーク」、ジュシューにある芸術映画のミニシアター「ル・シャンポ」、セーヌ河岸にあるオープンエアのクラブ「ヴァンデルリュスト」のヒップホップ・ナイト、それから、何時に行ってもレッスンが受けられるホットヨガのスタジオ。彼女は、少なくとも週３回ここに通っている。ドリーヌは今でも週末ボルドーに行く時、「家に帰る」と言ってしまう。でも、あと２年もパリ暮らしをすれば、そう言わなくなる日が来るのだろう。

Notre Paris. 私たちのパリ

ヴィンテージショップをめぐる

**ヴィンテージ・ショップで
見つけるべき10のアイテム**

1. トレンチコート
2. ツイードのジャケット
3. シルクのシャツ
4. バケツ型のバッグ
5. アメリカの大学のロゴが
　　入ったスウェット
6. シェトランド・セーター
7. リーバイスのジーンズ
8. フラワーモチーフの
　　ワンピース
9. オールインワン
10. インド風のロングスカート

パリのおすすめ
ヴィンテージ・ショップ

À Notre-Dame
avec Sylvia Whitman

4区　ノートルダム
シルヴィア・ホイットマン

書店
ウィリアム・バロウズ
スコットランドの寄宿学校
ガブリエル、2歳半

　シルヴィア・ホイットマンは、輝くばかりに美しい女性。生き生きとした表情で、私たちを気持ちよく迎え入れてくれた。セーヌ河岸にある書店「シェイクスピア・アンド・カンパニー」を訪れたのは、ある秋の日。パリの町は、赤褐色に輝いていた。書店に隣接したカフェのテラスに腰かけ、私たちは、バトー・ムーシュがノートルダムのふもとの岸に波を打ち付けているのを眺めていた。テーブルの上にはリンゴと洋ナシのスムージーとアボカドをのせたトースト。皮肉をまじえた話し方、きちんとしたたたずまい、花柄のワンピース、きれいなブルーの瞳。カフェのカウンターで注文するのは、紅茶。私たちの目に、シルヴィアはとても英国的に見えた。その魅力的な英語なまりのフランス語で、愛犬コレットの話をしてくれた。毎晩セーヌ河岸で散歩させるのだそうだ。

　その一方で、シルヴィアは私たちが会ったどの女性よりもパリジェンヌらしいと言える。小さな子どもの頃から、パリの町のエッセンスは、彼女の体のすみずみにまでしみわたっているからだ。小説の主人公のように、彼女の人生は、信じられないような、ロマンティックな、そしてドラマチックな出来事の連続でできている。そして、その出来事はどれもこれも、パリを舞台に繰り広げられたものだ。しかもそれは、とびきり素晴らしい風景ばかり。そんな絵葉書のような美しいパリを舞台に、セーヌ河岸にたたずむ書店を、彼女は父から受け継ぎ、経営し

ている。そして今では、夫と一緒に、書店とその隣にあるカフェの総勢40人のスタッフを指揮している。セーヌ河岸に並んだ、ワインボトルのような緑色の古本屋のトランク。ドゥーブル橋、シテ島、空を突きさすようにそびえるノートルダム寺院の塔。こういった風景を背景に、シルヴィアのたどってきた運命は、映画『アメリ』のアメリ・プーランやバレエのエスメラルダの不思議な運命を思わせる。「ノートルダムには、毎日うっとりしてしまうわ。鐘楼に差す光は、二度と同じ色を見せないの」。彼女はまるで小説のように人生を語り、詩のようにパリの町を語った。書店というものはどの町にもある。けれど、自分のことをこんな風に語れる書店主はパリの町にしかいないだろう。

「生まれたのは、オテル・デュー病院。すぐそこのシテ島よ。陣痛が始まった時、母はこの書店にいたの。橋を渡って、私を産みに走っていったのよ。子どもの頃は、そこにある保育園に行っていたわ。子どもの頃のパリの思い出はすごく感覚的なもの。アパルトマンの窓から差し込む日の光とか、メトロやパン屋さんのにおいとか」。シルヴィア・ホイットマンの父は、ジョージ・ホイットマン。アメリカの知識人で、戦後パリに恋をし、この町に暮らすことを決めた。「パリの人はみんな詩人で、パリの町は詩そのもの。そんな町に暮らしたかったんですって」とシルヴィアが教えてくれた。1951年、彼はビュシュリ通りに書店を構える。これが1964年に「シェイクスピア・アンド・カンパニー」と名前を変える。この名は、20世紀初頭のパリにいたもうひとりのシルヴィア、シルヴィア・ビーチがオデオン通りで経営していた書店の名前だった。当時、彼女はジェイムズ・ジョイス、アーネスト・ヘミングウェイ、F.スコット・フィッツジェラルドといった作家たちと交流していた。1950年代、ジョージ・ホイットマンの書店では、アレン・ギンズバーグ、ウィリアム・バロウズといった作家の姿を見ることは珍しいことではなかった。「父は、エキセントリックな人だったわ。ドン・キホーテのような人。読書をしていて飽きると、突然髪を燃やしたりするような人だったの。彼にとっての世界は、この書店の中にすべておさまっていた。外から人が入ってきやすいように、店のドアはいつも開けっ放しだったわ。だから、しょっちゅう本を盗まれたものよ」。

「『見知らぬ者をもてなすことを忘れるなかれ。知らぬ間に天使をもてなしているやもしれぬのだから』このフレーズは、うちの店の天井の梁に刻んである言葉よ。これは父にとってとても大切な言葉だった。そして、私には、今世界で起

こっていることを考えると、ますます大切な意味を持っている言葉に思えるの。父も旅が好きだった。特に南アメリカに行くのが。書店を開いた時、38歳で、私が生まれた時70歳だったの」。

　シルヴィアが幼い頃、両親は離婚。母は彼女を連れてロンドンへ行き、その後父と会うことはほとんどなくなった。スコットランドの寄宿学校に入り、そこではキルトが制服だったのだと彼女は誇らしそうに言った。「でも、21歳の時突然気づいたの。父は今、91歳なんだって。手遅れにならないうちに、会いに行かなきゃって」。父のジョージは、一人娘であるシルヴィアを、大喜びで迎え入れてくれたそうだ。そして、みんなに紹介してくれた。イギリスからやってきた、女優のエミリーだと言って。「そうしたら、父は、突然私を書店で働かせて、ありとあらゆることを教えてくれたの。私たちは、親友になったわ。それまで私はそれほど本を読むほうじゃなかったの。だけど、すぐに夢中になってしまったのよ。文学に、この書店に、そして、パリの町に」。

　話の続きをするために、彼女は「シェイクスピア・アンド・カンパニー」の店内を案内してくれた。木と石でできた、迷宮のような店。天井は低く、床はたわみ、階段も不安定そうだ。まさに、古き良き時代のパリの魅力にあふれている。この店のあるビュシュリ通りは12世紀からある通りだ。店の上の階はアパルトマン。1950年から、作家たちを住まわせるために使われている。ジョージ・ホイットマンが決めた伝統にのっとって、ここに泊まった作家たちは、自分の人生について綴った文章を残していかなくてはならない。シルヴィアはそれらの文章を保管したファイルを見せてくれた。文学史の貴重な資料だ。そしてこう言った。「このファイルには、パリの夢が詰め込まれているのよ」。

　シルヴィアは、私たちが知らないような、数々のパリにまつわる逸話を知っている。例えば、ルネ・ヴィヴィアニ広場には、パリで一番古い木がある、とか、ジェーン・バーキンとセルジュ・ゲンズブールが出会ったのは、書店からすぐそばのエスメラルダ・ホテルだった、とか。そんなエピソードを語りながら、彼女はこの伝説的なカップルをうらやんでなどいない。彼女と夫の出会いも、まるで小説の中の出来事のように素敵だから。「夫は、シェイクスピアに関する論文を書いていて、希少本を探しにうちの店に来たの。その時、彼の電話番号を聞いたのよ。そんなこと、したことないのに！　今でもあの時彼に頼まれた本を探しているわ……」。息子のガブリエルは2歳半。なのにもう、最近では店でお客さん

に本をお勧めしているそうだ。孫娘のために本を買いに来た女性に、棚から５冊
出してあげたらしい。彼女の一家は、書店のすぐそばのポントワーズ通りで暮ら
している。パリで一番美しいプールの向かいだ。「毎朝７時にプールに行こうと
思っていたんだけど、まだ一回も行ってないわ」。そう言って彼女は笑う。そん
なシルヴィアも、パリの散歩にかけては楽しみ方を熟知している。

　「自転車に乗って、11区、20区、９区に住んでいる友達に会いに行くのが大好
き」。そして、朝ひとりでセーヌ河岸を歩きながら、パリの町と語り合うような
時間を過ごすのが好き。あるいは、真夜中作家とセーヌを渡り、ちょっと裏さ
びれた通りを行き、ブラッサイやヘンリー・ミラーに思いをはせるのも好きだ。
「ロンドンではみんな、どんな服を買おうとか、どんな車を買おうとか、そんな
ことばかり考えているみたいだった。パリでは、そんなこと考えないわ。ロンド
ンでは、一番大切なものはお金なのね。ここでは、一番大切なものは、詩なの
よ」。

Notre Paris. 私たちのパリ

文化に触れよう

　パリがパリである理由のひとつ。それは、文化がとても豊かだといういうこと。ちょっと探せば、アートも、舞台も、文学も、詩も、写真も、なんでも楽しめる。もちろん、ルーヴル美術館もあるし、ポンピドゥー・センターもある。シャトレ劇場もフォンダシオン ルイ・ヴィトンもある。でも、他にもたくさん、紹介したい隠れたカルチャースポットがパリにはある。パリの市内を離れた郊外にも、素晴らしいところはいっぱい。

I. ル・バル
　Le Bal
写真やビデオの展覧会が素晴らしい。
6, impasse de la Défense,
75018

II. ル・サンカトル
　Le 104
文化的なクリエーションの発信地。
104, rue d'Aubervilliers, 75019

III. ラ・フォンダシオン・
　La Fondation
　アンリ・カルティエ・ブレッソン
　Henri Cartier Bresson
（アンリ・カルティエ・ブレッソン
財団）写真作品を楽しむと言えば、
ここ。
79, rue des Archives, 75003

IV.　ラ・ビブリオテーク・ドゥ・
　　La Bibliothèque de
　　リュニヴェルシテ・パリ・ユイット
　　l'Université Paris 8
　（パリ第8大学図書館）フランス最
大の大学図書館。
2, rue de la Liberté, 93526
Saint-Denis

V.　ル・マックヴァル
　　Le Mac Val
現代アート美術館
Place de la Libération, 94400
Vitry-sur-Seine

VI.　ル・テアトル・ジェラール・
　　Le théâtre Gérard
　　フィリップ
　　Philippe
（ジェラール・フィリップ劇場）
59, bd Jules Guesde, 93200
Saint-Denis

VII.　ル・テアトル・デ・
　　Le théâtre des
　　カルティエ・ディヴリー
　　Quartiers d'Ivry
（イヴリー地区劇場）かつて工場だ
った建物Manufacture des Œillets
内にある劇場。
1, place Pierre Gosnat, 94200
Ivry

VIII.　ル・サンセーズ
　　Le 116
現代アート・センター
116 rue de Paris 93100
Montreuil

IX.　マン・ドゥーヴル
　　Mains d'oeuvres
現代アート・センター
1, rue Charles Garnier, 93400
Saint-Ouen

X.　レ・ラボラトワール・
　　Les laboratoires
　　ドーベルヴィリエ
　　d'Aubervilliers
新しいアートの実験・創作のための
センター。
41, rue Lécuyer, 93300
Aubervilliers

À Ménilmontant avec **Crystal Murray**

20区　メニルモンタン
クリスタル・マレー

ボンバージャケット
マーヴィン・ゲイ
チューイング・キャンディ
ナイトスポット

　スニーカーを履いて歩くさま。歌うような笑い声。それ以外に、クリスタルが十代になってまだ数年だということを示すものはない。彼女はまだ14歳。なのに、その自信に満ちた態度、カメラを向けられてとるポーズ、そしてレンズをまっすぐに見据えるまなざしは、まるで大人だった。クリスタルはベルヴィルで暮らしている。といっても、マックス・エルンスト通りにある近代的な集合住宅のある方。アマンディエ広場の向かいにあるこの辺りは、そこから数メートル離れたメニルモンタン通りより、ちょっと庶民的なところ。クリスタルは幼い頃から、家族とここで暮らしている。「ここは、むちゃくちゃ町中。レピュブリックまで歩いて行けるもの」。彼女の父親はアメリカ人。そのせいで、彼女のフランス語は独特だ。「don't ask」とか「so strange」とか、ところどころに英語（anglais）が交ざるフランス語「franglais（フラングレ）」。しかもそこに、今の若者がよく使う「chais ap（知らない）（シェアプ）」とか「archinormales（超普通）（アルシノルマル）」といったフランス語のスラングまで交ざっている。

　クリスタルは、パリの神話になくてはならない、ある人物像を体現している。それは、パリで育った思春期の少女だ。揺れ動く心を持つ十代のパリジェンヌ。この役を、数多くの名女優たちが映画の中で演じてきた。例えば、ソフィー・マルソーが衝撃的なデビューを飾った『ラ・ブーム』がその代表だ。クリスタルは、そういったパリジェンヌ像の21世紀バージョン。15～6歳の女友達4人と一緒に、パリ東部では誰もが知る存在となり、そればかりか、パリのモードなパーティシ

ーンでその名をとどろかせている。グループの名前は「グッチ・ギャング」。名前の由来に、イタリアの老舗ブランドは一切関係ない。彼女たちを見ていると、映画の中に出てくる有名なガールズグループを思い出す。『Diabolo Menthe（ディアボロ・マント）』の中の抜け目ない女の子たち。セリーヌ・シアマ監督の映画『Bande de filles（ガールフッド）』の勝気な女の子たち。「自分たちがいったい何者なのか、私たち自身がよくわかってない状態。こんな風に有名人になって、すごく変な感じ。ゴシップ雑誌の『Public』に私たちの記事が載ってたり、ドイツの雑誌に取り上げられたり。私たちは、どこにでもいる超普通の友達。みんなそれぞれ全然違うし。でも、好きなものは同じかな。特に古着屋で服を探すことと旅行が好き」。たしかに「超普通」かもしれない。けれど、彼女たちは、身にまとっている「チャンピオン」のスウェットシャツの袖の際までパリジェンヌだ。時代の先端を行く彼女たち。その物怖じのなさ。ストリートウェアにキラキラしたラメをあしらうそのセンス。「ピガール」、「エチュード」、「ヴェトモン」といったパリのニュージェネレーションのデザイナーたちが、彼女たちをミューズと崇めている。

　インタビューする場所を見つける前に、クリスタルが両親と暮らす家にちょっとだけ立ち寄った。彼女の部屋は、そこいら中にありとあらゆる服が散らばっていて、十代の女の子らしさが感じられた。部屋の主のような顔をしているターンテーブル。その上に置かれていたのは、マーヴィン・ゲイの古いレコードだった。ヴィルジニー・デパントの小説『バイ・バイ・ブロンディ』が、昨夜の読みかけのページで開いたままふせて置かれていた。私たちは、近所のカフェのテラスでインタビューすることにした。席に着くと、クリスタルは紅茶を注文し、テーブルに携帯電話を置いた。サムスンの携帯で、インターネットにつながっていないと言う。それを聞いて私たちはちょっと驚いてしまった。理由その１。若い世代は私たちなんかよりずっとネット中毒だと思い込んでいたから。理由その２。私たちがクリスタルを見つけたのは、彼女のインスタグラムでのことだったから。でも、それがクリスタルなのだ。人の勝手な期待をいとも簡単に裏切り、面食らわせる。パリのアイドル的なティーンは誰もそんなところがある。彼女は唇の端に笑みを浮かべながら、子ども時代を思い出す。といっても、それはつい最近のことなのだけれど。「完璧な子ども時代」を過ごしたそうだ。甘やかされ、たくさん旅をし、世界を見て回った。父親はミュージシャン。「むちゃくちゃ仲良

CROISSANTERIE-SANDWICHERIE
PAIN CHAUD

SANDWICHS VARIÉS
À TOUTE HEURE
BOISSONS FRAÎCHES

CHOIX VARIÉS
JAMBON-BEURRE
THON-CRUDITÉS
DINDE-CRUDITÉS
MIXTE

PANINI CHAU
PIZZ

CHÈQUE
de TABLE

Ticket
Restaurant

し」の母親。そして３人の兄たちはとても可愛がってくれる。両親に連れられて、
メキシコや日本など、あちこちを旅して回った。「11歳の時、私むちゃくちゃお
しゃれだったんだ。19歳のお兄ちゃんのおかげ。何から何までお兄ちゃんと同じ
ようにしてた。ボンバージャケットを着てたのよ。まあ、もっともお兄ちゃんの
ジャケットなんだけど」。

　『ラ・ブーム』の時代から変わらず、14歳になったら親に内緒で夜遊びに行く、
というのがパリのティーンの必ず通る道。だからクリスタルも、隠れて夜な夜な
モードなパーティに通った。「ソシアル・クラブ」、「ル・シランシオ」、「カ
ルメン」。そういったパリのナイトスポットで、誰にも止められず、いつでも入
れてもらえたのにはさすがの彼女も驚いた。「しかも、みんな私の年を知ってい
たのに」。そして、中学の修了試験を受けに行ったその足で、ファッションブラ
ンド「ピガール」のパーティに行った時の話をしながら、自分の大胆さに笑って

いた。私たちは感じていた。彼女の中には、この本に登場する他の年上の女性た
ちと同じ、わが道を行く強さと謎めいたところがすでに芽生えているのだと。ク
リスタルは、くるくると話を変え、私たちをけむに巻こうとしているかのようだ
った。ある時は、ちょっと悲しそうなふくれっ面で、高校の1年目のことを話し
だす。カトリックの私立高校での学生生活は、うまくいかなかったようだ。「全
然だめだった。先生たちは、まずこの髪を切りなさいと言うし。高校で受け入れ
てもらえなかったあの1年は、正直つらかったな。でも、これからは普通の公
立の学校に行くの。きっとうまくいくと思う」。そんな話をしていたかと思えば、
次の瞬間には、自信たっぷりな様子でこう言う。「自分に満足しているわ。あり
のままの自分を愛してる。私にとってパリジェンヌであるということは、そうい
うことだと思うの。自由で、やりたいことをやって。まあ、そんな感じかな」。
　　クリスタルは、何に関しても自分のやり方で、自分だけのものを作りあげる。

それが、この世代特有のものなのか、パリの一部の若者にあてはまるものなのか、私たちにはわからない。けれど、彼女は先輩女性たちが敷いたレールのようなものとは、一切関係なく自分の考え方で生きている。例えば、自分のアイデンティティについて。「自分のやりたいことをやるために、何者かである必要なんてないと思う」。ファッションについて。「毎日同じリーバイス501をはいてるわ。トップスは、お父さんから勝手にもらったオーバーサイズのアメフトのユニフォームとか、お母さんがくれたベビードール風のサテンのトップスとか」。食べ物について。「ランチはスーパーで売ってる『Sodebo』のボックス入りのローマ・サラダかな。みんなとヴァンセンヌの森でピクニックしながら食べることもあるし、シュマン・ヴェール通りまでお母さんとベトナム風クレープを食べに行ったりもする。あとは、チューインキャンディの『レガラード』を食べまくってるわ」。スキンケアやメイクアップについて。「いつも疲れた顔してるから、どっちみちメイクなんかしていないみたいに見えるの。唯一しているのは、出かける時に、まぶたの上にちょっとグロスを塗るくらい。目の下のクマがひどい時は、コットンにカモミール・ティーを浸して、目の上に置いたりしてる」。そして、恋愛について聞いてみると、私たちの質問に経験たっぷりの答えをできないと認めるくらいだったら、死んだ方がまし、と思っているような感じだった。彼女は、断定的にこう言った。「パリジェンヌって、男のことになると、夢中になりすぎるところがあるのよね。でも私は違う。私はアンチ恋愛至上主義よ」。

そんなクリスタルに、もし弱い部分や不安があるなら、それを知りたいと思った。日々、携帯に届くニュースは、どれもフランスや世界の政治に関する心配なものばかり。そんな日常を送る私たちは、彼女に聞いてみた。11月13日のテロの時、14歳だった彼女の、若者としての意見を。「ぞっとするような出来事だった。あの夜、レピュブリックで仲間たちと会うことになっていたの。お母さんはコンサートにでかけてた。テロの後、何週間も家にとじこもって過ごしたわ。世界が恐ろしい場所になりつつあるってことはわかってる。でも、不安ばかりをかかえて落ち込みたくない。いつもいつも、トランプとかマリーヌ・ルペンのことを考えて暮らしたくない。あの人達の思う通りにさせていたら、ひどいことになるってことはわかってる。でも、パリには、私たち若者がいる。私たちが世界を変えることができるって、そう思うの」。私たちは、彼女の意見にあえて反論はせず、未来に希望を抱く、彼女の考えが実現してくれることを願うにとどめておいた。

Notre Paris. 私たちのパリ

花を飾ろう

　パリのアパルトマンなら必ず、あふれんばかりの花が生けられた
花瓶が置いてあるものだ。季節の花、自分の好きな花。冬にはミモ
ザ、春にはスイセンやライラック、夏にはツリガネソウやヒマワリ、
秋にはダリア。パリでは、とにかくありとあらゆる理由をつけては、
花を贈りあう。ありがとうを言うために。おめでとうを言うために。
そして、どんなパリジェンヌにも、素通りできないお気に入りの花
屋が必ず一軒はある。

お気に入りの花屋

アローム
I. *Arôm*
73, avenue Ledru-Rollin, 75012

ヴァリアシオン・ヴェジェタル
II. *Variations végétales*
18, rue du Général Guilhem,
75011

ラルティザン・フルリスト
III. *L'artisan fleuriste*
95, rue Vieille-du-Temple, 75003

À SoPi
avec **Lucie Hautelin**

9区　サウス・ピガール
リュシー・オートラン

抗議運動「Nuit Debout」
ショートヘア
ヴィーガン
ツイッター

　ツイッターで写真を見た瞬間、私はリュシーから目を離すことができなかった。2016年の春だった。レピュブリック広場では、毎夜老いも若きも、怒りに燃え、世界を変えたいと心の底から願う人々が集まっていた。その抗議運動の名は「Nuit Debout（立ち上がる夜）」。私たちも、何度か参加したことがある。反逆の風を胸いっぱいに吸い込み、政治活動に積極的に参加するパリジャンたちと意見を交わすために。彼らを理想主義者と呼ぶ人もいるかもしれない。けれど、私たちは人道主義者、あるいは先を見通す力のある人たちだと考えたい。レピュブリック広場は、パリの象徴的な場所のひとつとなっている。パリの人々にとって、政治的な活動をするならば、まず思い浮かぶのがこの広場だ。ここ数か月、私たちもいくつかの抗議活動に参加した。「シャルリー・エブド」襲撃テロの後の2015年1月11日には数百万の人が集まり、11月13日のテロの後には、被害者を悼む集会がここで開かれた。女性に対する暴力への抗議集会に参加したこともある。そして、いつしかこの広場を通るたび、いくつものスローガンが頭の中で鳴り響くようになった。もちろん最初に浮かぶのは、どの区役所の建物にも彫られている言葉「自由、平等、博愛」だ。

　ある夜、SNSをあてもなく見ていて出会ったリュシーの写真。それは、すべてを語っていた。労働法の改正に対する抗議活動に参加するリュシーは、首にスカーフを巻き、額には水泳用のゴーグルをはめていた。警察が催涙ガスで攻撃してきた時のための備えだった。そのまなざしには、強い意志がみなぎっていた。

その彼女を見て、私はすぐに、歴史に名を残すパリの女性活動家たちのことを思い出さずにいられなかった。1789年フランス革命に身を投じた女性たち。フェミニズム運動の先駆けである劇作家オランプ・ドゥ・グージュ。パリ・コミューンの「赤い処女」と呼ばれたルイーズ・ミシェル。20世紀初頭、婦人参政権のために闘った女性たち。1968年5月革命の後、パリを揺るがしたMLF（女性解放運動）の女性闘士たち。誰もが、反逆の町、論争の町、社会改革をもたらす町パリで闘った女性たち。リュシーの目には、そのすべての女性たちの抱いていた闘志が宿っていた。

　彼女について情報を集めた後、私たちはコンタクトを取った。リュシーはうちからすぐそばのトゥリュデーヌ通りに住んでいた。そこで、その通りで会う約束をした。私たちが行くと、彼女はスケートボードに乗った男の子と話し込んでいた。彼は「ニュイ・ドゥブ」でリュシーと一緒に、人間以外の動物にも等しく権利があることを主張する、アニマル・ライツ活動を行っている。リュシーは完全菜食主義者のヴィーガンで、このアニマル・ライツ擁護は、彼女の活動の最重要テーマのひとつだ。「アニマル・ライツの問題と、経済危機や環境問題の間に関係があることは、簡単に立証できるはずなのよ！」。彼女は熱く語る。「私は、動物由来のものは、一切口にしないし使いもしないわ。革製品も、毛皮も、ウールも。もちろん、アニマル・テストを使って開発された化粧品もね。名のある乳製品生産者のところに見学に行くまでは、牛乳を使っていたわ。でも、そこでぐったりと疲れ果てた牛たちを一度見たら、もう二度と牛乳は消費できなくなるわよ」。そう言うと、彼女は気を取り直すように微笑み、今暮らしている地区は、ヴィーガンの人にとって最高なのだと力をこめて言った（彼女が言う通り、近所にある「ル・ポタジェ・ドゥ・シャルロット」はかなり評判の良いベジタリアンレストランだ）。そして、最近撮った映画の話をしてくれた。デボラ・ビトンが監督した『Chair Liberté（肉体の自由）』という短編作品は、人間が家畜となり、食べられる運命にあるというディストピアを描いたものだ。

　女優であり、活動家であるリュシーは、「意味のあるメッセージを持つ」作品にしか参加しないと決めている。「女優として私にとって一番大切な目的は、私のイメージを使って、人々を勇気づけ、世界を変えることなの」。駆け出しの女優の多くがそうであるように、リュシーも生活費を稼ぐためにレストランでアルバイトをしている。「私はほとんどお金を使わないの。リサイクル用品を使っ

ているし、服も古着屋で安く手に入れてる。食事も植物性のものしか食べない
し。お金は全部貯金して、旅行の資金にするわ。去年の夏は、ペルーに行ったの。
500ユーロで何から何まで全部まかなえたわ」。最近では、会員制クラブのバー
カウンターで働いている。「平日はロビイストたちと闘って、週末は彼らにモ
ヒートを作るっていうわけ」。いたずらっぽく彼女はそう言う。私たちは、ロシ
ュシュアール通りとテュルゴー通りの交わるきれいな一角にあるカフェのテラス
に腰を下ろした。ここは、評判のレストランが集まる９区の真ん中。町においし
いパンとお菓子を売る店が点在し、静かな小道とわずかではあるが木々の緑が
あり、小さな子どもがいる家族も暮らしやすい地域。９区のこのあたりは、サ
ウス・ピガールの頭文字をとって、SoPiとも呼ばれる。ニューヨークでいえば、
ブルックリンのような町。ここに住む男性の多くはひげをたくわえ、もっとも主
流の交通手段は自転車。ほとんどのレストランが、グルテンフリーのメニューを
用意している、そんな町だ。カフェに落ち着くと、リュシーは、彼女が着ていた
ワンピースの色に合わせたように、トマトジュースを注文した。

　リュシーは常に闘ってきた。高校時代は、CPE（初期雇用契約）の導入に抗議
する活動に参加。若い頃からずっと、不当な扱いというものを憎んで生きてき
た。おそらくそれは、彼女自身、子ども時代にそれを嫌というほど味わったから
だろう。自らの両親を知らず、保健衛生局の施設で育ち、養子にもらわれ、そし
て、児童虐待の被害者となった。彼女は、そんな自分の生い立ちで学んだことか
ら、生きる力を得ようとしたのだ。「自分の居場所は自分で作らなくてはならな
かった。誰もそんなもの、私にくれなかったから。21歳の時、リュックサックを
背負い、スニーカーを履いて、カナダに行ったわ。この旅からいろいろなことを
学んだの。自分の世界を広げたいという気持ちを育てていくための、巡礼のよう
な旅だった。その後しばらく、ロンドンに暮らして、働いたわ。でも、そこで人
生の方向性を見失ってしまったの。そして気づいたのよ。私は資本主義的なシス
テムの中では生きていけない、って」。リュシーは、活動家としての闘志を芽生
えさせてくれた本や映画の名をあげていった。ハンナ・アーレントの『エルサレ
ムのアイヒマン：悪の陳腐さについての報告』、ショーン・モンソンのドキュメ
ンタリー、マルク・ドゥ・ラ・メナルディエールとナタナエル・コステの映画
『En quête de sens（意味を求めて）』、そしてもちろん、シモーヌ・ドゥ・ボ
ーヴォワールの『第二の性』。コリーヌ・セローのエコロジー映画『美しき緑の

　以前は、パリに住むことはまったく考えていなかった。「パリに来るたびに、侮辱されたものよ。地下鉄で嫌な思いをしたことも、一度や二度じゃないわ。今は、もうすっかり自分のことをパリジェンヌだと思ってる。ここで気分よく暮らせているわ。ここは、知性に関しても、文化に関しても、すごいスピードで進んでいくんだもの」。

　4月のある夜、レピュブリック広場で、彼女は手投げ弾の攻撃を受け、けがをした。「警察は、活動家たちを人間扱いしていないわ」。今でも怒りに震えながら、彼女は言う。「弾圧する暴力は、抵抗する暴力より不当なものだと思うの。あの夜、今の恋人と出会ったのよ。彼はオルタナティブ・メディアのジャーナリスト。その場で傷の手当てをしてくれたわ。私はヘルメットをかぶって、ゴーグルをして、プラカードを持ってた。そんな恰好をしてたけど、すごくロマンティックだったわ」。そして彼女は話してくれた。毎晩、レピュブリック広場に行き、「ニュイ・ドゥブ」の活動家たちと会う時に覚える、特別な感情について。「あそこに行くと、歴史が私たちを見ている、そんな気がするの。あの場所に、先人たちの闘いの歴史がすべて刻み込まれているような気がするのよ。毎晩、あそこに行くたびに、胸が震えるわ。そして、涙が出てしまう。アニマル・ライツの擁護団体のために、レピュブリック広場でスピーチをしたわ。それが、ありとあらゆるSNSで流れたのよ。あれで私たちはわかったの。SNSは、私たちの活動を知らしめていくための、ものすごい道具なんだって。それで、自分たちのチャンネルを立ち上げたのよ。今こそ、変革の時なんだと思う。何かが、あともう少しで実現できる。私たちはそのぎりぎりのところまで来ているんだと思う」。その何かは、パリで生まれたものだ。パリ以外の場所で、生まれるはずがない。リュシーは微笑み、そしてため息をついた。「パリの町に関しては、もう客観的には見られないわね。だって、今はこの町が好きで仕方がないの。パリの町とは、うまく養子縁組できたってわけ」。

政治活動に参加する

　この本の執筆中も、パリではたくさんのデモが起こった。中でも、パリの人たちに、行動し、反対活動に参加し、SNSで自分の意見を明らかにし、プラカードに抗議の言葉を書いて掲げなくては、と思わせた重大な出来事は、ドナルド・トランプの大統領選出だった。それは何故だろう。トランプは、それまでさんざん女性の権利を踏みにじってきたにもかかわらず、大統領に選ばれたからだ。同じ頃、パリでは人工中絶法に反対するデモがいくつも起こった。フランス大統領選の何人かの候補者は、女性の権利に関し、危惧すべき発言をしていた。そしてついに、2017年1月21日、何千人というパリジェンヌが集合し、トロカデロから行進した。これは、同じ日にワシントンで行われた「Women's March」と呼応する形で同日に行われたものだ。ここでは、フェミニスト的な視点を研ぎ澄まし、自らの意見と価値観を持つためにおすすめの、書物やニュースレター、映画などを紹介する。

おすすめのメディア

● 本
『男も女もみんなフェミニストでなきゃ』
チチマンダ・ンゴズィ・アディーチェ
『自分だけの部屋』
ヴァージニア・ウルフ
『女性が自由を選ぶとき』
ジゼル・アリミ
『運命の美女（未邦訳）』
モナ・ショーレ
『第二の性』
シモーヌ・ドゥ・ボーヴォワール
『女性、人種、階級（未邦訳）』
アンジェラ・デイヴィス
『アメリカ黒人女性とフェミニズム』
ベル・フックス
『世界の性別化（未邦訳）』
ジュヌヴィエーヴ・フレース
『女ゲリラたち』
モニック・ウィティッグ

● ニュースレター
Les Glorieuses
2015年にレベッカ・アムセレムがはじめたフェミニスト系ニュースレター
Quoi de meuf?
ジャーナリストのクレマンティーヌ・ガロとメラニー・ヴァンガが2017年にはじめたフェミニスト・ポップカルチャー・ニュースレター

● 映画
『裸足の季節』
監督：デニズ・ガムゼ・
　　　エルギュヴェン
『ディヴァイン』
監督：ウーダ・ベニャミナ
『美しい季節』
監督：カトリーヌ・コルシニ
『トムボーイ』
監督：セリーヌ・シアマ

● ポッドキャスト
La Poudre
ローレン・バスティードのダイバーシティをテーマにした女性インタビュー
Stuff Mom Never Told You
アニーとサマンサがホストするフェミニスト・ポッドキャスト
The Guilty Feminist
デボラ・フランセス・ホワイトがホストするフェミニストコメディ・ポッドキャスト
GénérationXX
シアム・ジブリルが立ち上げた女性を応援するポッドキャスト

● インスタグラム
@vscybeth
@payetashnek
@lallab

Sur une péniche à Neuilly avec **Anna Reinhardt**

パリ郊外　ヌイイー岸の船
アナ・ライナルト

ケープ
船
ギター
水泳のレッスン

　アナが私たちを迎え入れてくれたのは、セーヌ川のヌイイー岸に係留された船。これが彼女の住まいだ。9区での暮らしに飽き飽きして、もっとファンタジーに満ちた暮らしをしたいと望むブルジョワ的なきまぐれで、ここに暮らしているわけではない。アナはこの船で、セーヌ川のこの辺りで、子ども時代を過ごしたのだ。そして、大人になり何年も旅をした後、これからまたこの船での生活を始めようとしているところだった。

　アナはジャーナリストであり、ミュージシャン。自ら結成した「Hotel」という名のデュオ・バンドのために、ポップで神秘的なバラードを作曲し、ノスタルジックな歌詞を書いている。「『Hotel』っていう名前を選んだのは、そこが何でも起こる場所だからなの。笑ったり、泣いたり、途方にくれたり、愛し合ったり、夢見たり、ダンスしたり、眠ったり。ひとりの時もあるし、誰かと一緒の時もあるし……」。アナにはとてもパリジャンらしい癖がある。どんなことでも知的に分析しようとするのだ。そんな彼女を見ていると、哲学的な空気が満ち溢れていた1970年代のパリを思い出す。革命の風が吹き渡り、思想家、学者、芸術家、政治活動家がカフェに集い、自分たちの言論によって世界を作り替えたいという情熱を燃やしていた、そんな時代のパリを。

　彼女に会いに行ったのは、真冬だった。セーヌ河岸の木々はすっかり葉を落とし、川は灰色だった。向こう岸には、ラ・デファンス地区の高層ビル群が見える。40階建てのタワー、ラ・トゥール・フランスが、空に向かってそびえたっている。アナは彼女の船に招き入れてくれた。足を踏み入れると、船はきしみ、ぐらりと揺れた。そして私たちは、そこに漂う静けさと詩的な雰囲気にうっとりしてしまった。アナは、自分の歌を弾き語りで聞かせてくれた。タイトルは『Ma Rivière（私の川）』。「この場所と、私の子ども時代へのオマージュとして作った歌よ。両親を亡くした後に書いたの」。そう彼女は話してくれた。「人生で一番つらかったあの時期、私は自分でも気づかないうちに、セーヌ川へと歩いていたわ。海は、寄せては返す波のように、思い出を反芻させてくれる。川は、心を洗い清めてくれるの」。

　アナはインタビューに答える間、ずっと黒いウールのケープにくるまっていた。これは、イヴ・サンローランのもので、かつて母親が使っていたものだそうだ。「私、子ども時代はいつも、このケープに隠れるようにくるまりながら学校に行っていたのよ」。そう打ち明けてくれる。この思い出は、とても彼女らしく思える。クリエイティヴで、エレガントで、秘密めいて。それはそのまま、パリの町にも通じる。「父は学者で、この町の隅々まで知っている人だった。パリ中のバーに、ジャック・ブレルと彼のバンドの人たちと一緒に行っていたわ。母はフランス語の教師をしながら、パリ郊外にある第11大学で研究をしていたの。私、今でも覚えてるわ。フランソワ・ミッテランが大統領に選ばれた時、家族みんなで大喜びした日のことを。私たちって、ヌイイーで唯一の左派支持の家族だったのよ！　でもね、ある時学校の友達を呼んで、うちでパーティをやったんだけど、私、その時みんなを左派支持に変えてしまったの！」。彼女が両親から受け継いだもの。それは、あらゆる文化に対する尽きることのない好奇心。そして、何よりも、音楽への愛。二人は、まさにパリのインテリそのものだった。「両親のことは、本当に尊敬しているの。心理カウンセラーとのセラピーのおかげで、親というフィルターを通すことなく、彼らを愛せるようになったわ。私は、自分がどこから来たか知っている。そして、彼らから何を受け継いでいるかを知っているのよ」。アナは、ジャーナリストとして成功していた。フランスで多くの人が観ている朝のテレビ番組で、自分のコーナーを持つほどの人気ジャーナリストだった。そのままずっと突き進んでいくこともできたのに、そのキャリアをきっぱ

り捨てた。音楽に打ち込むためだ。自分がこうと決めた時には、思い切りよく自分の望む道に進む。そんなところは、きっと両親譲りなのだろう。

　1968年の5月革命の後、河川交通が下火になったのを利用して、オランダから中古の船を安く買い取り、16区やヌイイーの岸に停泊させて暮らすパリジャンが数多くいた。アナの両親もそうだった。「両親の船は、移民たちの受け入れ先みたいなものだったの。アルゼンチンからの難民もいたし、日本人のバイオリニストもいたわ。とにかく、いつだって芸術家や学者が集まって暮らしてた。みんな、人道主義的な心の持ち主だったわ。この家の扉はいつでも誰にでも開かれていた。あれこそ、船上生活者らしい生き方だったと思う」。

185 なんの制約もない、自由な生き方。それは、恋愛に関しても言える。アナは数年前、二人の子どもを産んだその後に、ある男性と結婚した。「素晴らしい結婚式だったわ。南仏の祖母の家で開いたの」。そして、２年後に離婚。「後悔はまったくないわ」と、きっぱり言う。今では、年下の男性と人生をともにしている。モガドール劇場でのローリングストーンズのコンサートで出会い、今ではバンド「Hotel」でデュオを組んでいる。「私は彼にギターをプレゼントして、彼は私にギターを教えてくれたの。そうしているうちに、私たち一緒に曲を作ろうっていうことになって。彼のおかげで、自分の個人的な問題を、パートナーに解決してもらおうと思わなくなったわ。今まで付き合ったどの男性とよりも、知的な関係を結べているの」。どんなことも知的に説明しようとする、彼女の癖がまた見えた。

　船は、再び暮らす日のために、準備作業のまっさいちゅう。数か月後には、恋人と子どもたちと一緒にここに引っ越してくる。子どもたちは、今、８歳と６歳半。つい最近まで数か月間、水泳のレッスンを受けていた。これから船上生活をするということで、安全を考えてのことだ。サロンを前より大きくして、キッチンもリフォームしている。古い生活用の船を直すなんて、誰にでもできる経験じゃない。船体を新しくして、再び着水させるために、造船所に運ばなくてはならなかった。「造船所の人たちはみんな、父の話をしてくれたわ。私をほんものの船上生活者として迎え入れてくれたの。船での暮らしをしていいんだって、ちゃんと認められたような気がしたわ」。船上生活には、不便なこともある。落ち葉をはかなくてはいけないし、デッキの掃除もしなくてはいけない。けれど、この水辺の暮らしには、上の方の河岸を行く車の音や町の喧騒から隔絶された、素晴らしい静けさがある。「パリの中心で、この生活はできないわね。だって、船をのぞきこむ野次馬がいるでしょうし、バトー・ムーシュの光がギラギラして落ち着かないでしょうから」。

　ゆらゆらと揺れる浮桟橋の向かいにある玄関スペースには、昔からずっとそこの主のように置かれていたグランドピアノが、今もある。これは、アナの後見人である、有名な音楽家のものだった。うっすらとほこりをかぶったそのピアノに向かうと、アナはいくつかコードを奏でた。母のケープにくるまれながら、ピアノに向かう彼女。その姿は、ヒッピー文化華やかなりし頃のパリのボヘミアンたちの姿を思わせる。そして、今もそんなパリジャンが、消えずにいることを教えてくれる。

夏の定番スタイル

フラワーモチーフのワンピース、サンダル、バスケット

À Saint-Germain-des-Prés avec Zoé Le Ber

7区　サン・ジェルマン・デ・プレ
ゾエ・ル・ベール

ペルシアじゅうたん
フリルのシャツ
アフリカの布
ブラックコーヒー

　サン・ジェルマン大通りからほど近い、パリ政治学院^{シアンス　ポー}のすぐそば。パリのこの地区は、何もかもが素晴らしい。歩道でたばこを吸う学生たちの活気。瀟洒^{しょうしゃ}な建物の壁にほどこされた美しい白い彫刻。その奥に続く、広い敷石の中庭。ゾエの住まいに行くには、そんな中庭を通り抜けていく。まるで今でも、馬車をひく馬のひづめの音が響いていそうな敷石の庭を抜けると、建物正面には石段。これを上がり、ガラスのはめこまれた背の高いドアを開け、さらに階段を2階分上がる。大きな石の階段には、赤いじゅうたん。壁にしつらえられた鉄製の照明がやわらかな明かりをともしている。きっと、何世紀も前から、ここにあるものに違いない。

　ゾエのアパルトマンに足を踏み入れた途端、私たちは、それまでの古風で瀟洒なパリを離れ、世界中を旅しているような気持ちになった。エミリー・ブロンテとガルシア・マルケスが隣り合って並ぶ大きな本棚の棚板の端には、いくつもの貝殻が置いてある。部屋には、ペルシアじゅうたん、モロッコのクッションチェア。幾枚ものアフリカの布が、ソファに飾られている。ゾエ・ル・ベールは世界を旅して回るグローブ・トロッター。写真家であり、ビデオ作家でもある。彼女は世界中を旅しては、魅力的で、一風変わっていて、そして時に見る者の心を揺さぶる、そんな写真や映像をおさめてくる。そのビデオ作品は、多くのファッションブランドを夢中にさせ、彼女は定期的にコマーシャル・フィルムを制作している。ファッションだけではない。ミュージシャンにもゾエの映像のファンは多

く、彼女はいくつものビデオ・クリップを作っている。また、インフォメーション・チャンネルでも人気があり、そのひとつである「Vice」は彼女の最新のドキュメンタリーを放送する予定だ。ギリシアのコス島で、何か月もの間移民を追った、胸が張り裂けそうな内容のビデオだ。移民たちの多くは、戦火を逃れてきたアフガニスタンからの難民。彼らはバルカン半島を越え、ヨーロッパに渡ることを望んでいる。

　ゾエの旅好きは、子ども時代から影響を受けている。「両親はパリで生まれ育った人たち。でも、ロシアとイタリアとイギリスの血が流れてる。二人は私が幼い頃、パリを離れることにしたの。私は、南仏のポルクロール島、ブルターニュ、それからマルセイユで育ったの。だから、いつも海がすぐそばにあったわ。水平線まで遠く広がる一面の海を見て育ったら、この世界は、どこまでも果てしなく開かれているって思うようになるわ。私にとって、国境なんてないのよ」。彼女のちょっと冷たさを感じさせる美しさ、とても長いブロンドの髪。それとは対照的に、そのファッションは大胆なものだ。この日ゾエが着ていたのは、前面にフリルのついたフューシャ・ピンクのブラウス。そしてブラウンのパンツ。彼女のインスタグラムをちょっと見れば、いかにもパリジェンヌらしいおしゃれを楽しむ人でないということはすぐわかる。例えば、ヒョウ柄がプリントされたフェイクファーのフード付きブルゾン。時には頭にターバンを巻いたりしている。「作品のテーマを選ぶ時に大切なのは、どんな遠いところへ旅できるか、ということ。とにかく、常にどこか別の場所を求めているの。私は旅に出ることで、クリエーションを続けていられるんだと思う」。

　子ども時代や学校時代のことをたずねると、ゾエは少し答えをぼやかした。人には言わない秘密の部分、もしかしたら、傷つけられた記憶があるのではないか、という気がした。彼女が語ってくれたのは、両親と一緒に世界中を旅したこと、大学で法律と政治学を勉強した後、女優としていくつかの映画に参加し、その後自身が監督になったということだけだった。「映画製作はまったくの独学で覚えたわ。撮影現場をじっと観察したり、本を読んだりして。例えば、ジョン・トルビーの『The Anatomy of Story（シナリオの解剖学）』とかね」。ゾエは、オープンキッチンで緑茶を淹れてくれた。このキッチンで、簡単なものを作って、映画仲間と囲むのが大好きなのだそうだ。この日彼女は、私たちに、旅先から運んできた空気を味合わせてくれた。

「モロッコを車で旅してきたばかりなの。今回は仕事ではなく楽しみのため。マラケシュとザゴラを結ぶ道よ」。そう言って、ドラー渓谷やモロッコ南部の町タルーダント、港町のエッサウイラ、風景の美しさ、砂漠に沈む夕焼けの話をしてくれた。

ゾエは、ひとり旅が好きだ。「ある国の中に飛び込み、旅をしながら、そこで暮らす人たちと同じような服を着るの。小さな通りに入っていって、道に迷ったり、カフェで地元の人に話しかけて、どこかお勧めの場所はないか聞いたりするのよ。そして、教えてもらったところに行ってみるの。行きのトランクはほとんど空っぽ。そして旅先の市場でその土地の布を買うの。そういう布をパーニュっていうアフリカの腰巻みたいにしてみたり、スカーフを頭に巻いたりするのが好き。旅に出ている時の私って、その土地に同化してしまうの。カメレオンみたいなのよ」。そんな旅の哲学を持って、彼女はこれまで様々な場所を訪れてきた。例えばアイスランド、「まるで別の星にいるみたいな感じがしたわ」。ガーナ、「アフリカに行くと、子ども時代に父と旅したケニヤやラム島のことを思い出すの」。マダガスカル、「1か月間、世界から隔絶されて過ごしたわ。強烈な体験だった」。そして毎回、たくさんの写真や動画、布、一風変わったオブジェを抱えてパリに戻る。そういった旅の土産を、アパルトマンのあちこちに置いて楽しむのだ。

パリジャン自身の口からたびたび聞くことではあるけれど、ゾエも時折、パリの人々の視野が狭いことを手厳しく指摘する。「パリって素敵な町よ。でも、ちょっと批判的な人が多いと思う。そして他人のことを決めつけて、仕切りの壁を作って、自分も狭い世界に閉じこもってしまうのよ」。でも、そう言ったすぐ後に、微笑みながら打ち明けるようにこう話す。「旅から戻って、なじみのカフェに行くと、本当に幸せを感じるわ。サン・ペール通りのカフェ、『ル・コントワール・デ・サン・ペール』のカウンターで濃い目のブラックコーヒーをぐいっと飲むのが好きなの。そして、聞くとはなしに、まわりから聞こえてくる会話の断片を楽しむの。パリって面白いわ。地元の人が旅行者みたいにふるまう町、他にはないと思う」。

Notre Paris. 私たちのパリ

冬の定番スタイル

　メンズのジャケットあるいはブルゾン。カシミアのセーター。ストレートのジーンズ。ブーツ。

Rue du Bac
avec **Françoise Golovanoff**

7区　バック通り
フランソワーズ・ゴロヴァノフ

エルメスのハンドバッグ
アンリ4世
ブリジット・バルドー
スラング

　この本の執筆準備を始めた時から、私たちには、こんな女性にぜひ登場しても
らいたい、と思い描いていた女性像があった。美しい銀髪で女王さまのような風
格を持つ女性。パールのネックレスをつけ、まるでジャン・ジャック・サンペの
イラストから抜け出してきたような感じ。リュクサンブール公園のベンチに腰掛
け、片方の目は愛犬のフォックステリアから離すことなく、もう片方の目では、
ちょっと革新的な政治思想の記事を読んでいる。そんな姿が目に浮かぶような女
性だ。

　こんな風に、私たちが探し求めるこの女性像は、かなり細かい点まではっきり
していた。だから、それにぴったりあてはまるような女性を探すのにかなり苦労
した。そして、もう見つけることは無理なんじゃないかとあきらめかけていたあ
る日、インスタグラムを見ていたジャンスが、フランソワーズの深いブルーの瞳
に出会ったのだ。彼女は、フランスのカリスマ的存在の女性、アレクサンドラ・
ゴロヴァノフの母親だった。そして、娘に負けないほど美しかった。こうして私
たちは、フランソワーズに会いに行った。様々な女性にインタビューし始めてお
よそ1年。私たちが最後にインタビューしたのが、彼女だった。7区の高級住宅
地、バック通りそばにある彼女のアパルトマンに足を踏み入れると、私たちは目
を見張った。室内に並ぶ、ネオクラシック様式の家具やオブジェの数々。アパル

トマンには、アンティークの家具を磨く時に使うワックスの香りが漂っていた。

それもそのはず、フランソワーズと夫のアンドレは、骨董商なのだ。パリの骨董
愛好家たちによく知られる一角に、店を持つようになって何十年も経つ。古道具
であれ、骨董であれ、歴史のしみこんだ古いものを探す、これはパリの人にとっ
て大切な趣味だ。ボーヌ通りには、素敵なシャンデリアやじゅうたん、家具、瀟
洒な住まいのインテリアにパリらしい味わいを添えてくれる絵画を探すのに最高
のアンティークショップがいくつも並ぶ。私たちがフランソワーズのインタビュ
ーをしている間、かつて物理学者だった夫のアンドレは、近すぎず、遠すぎない
距離の場所から、彼女の様子を見ていた。

　「私は戦争中、南西部のポーで生まれたの。国王アンリ4世が生まれた町よ」。
彼女はそう語り始めた。「両親はパリの人間だったんだけれど、占領下のパリを
離れて疎開中だった。そして戦後、パリに戻ったの。その頃の写真を今も持って
いるわ。1歳の私が、トロカデロ広場で歩く練習をしているのよ」。これぞまさ
に、真のパリジェンヌだ。フランソワーズとパリの町は、長い時間をかけて常に
一心同体。だから、彼女の人生について聞く時、それは、パリの歴史を聞くこと
にもなるのだ。そんな彼女は、パリの16区で育った。エッフェル塔からブーロー
ニュの森まで広がるこの大きな地区には、裕福な家族が多く暮らしている。彼女
は15年ほど前まで、ずっとそこで暮らしていた。「昔は、16区といってもいろん
な家族が暮らしていたものよ。同じ建物にあらゆる階層の家族が住んでいたの。
今では元気のいいヤングエグゼクティブばかりになっちゃったけど！」。そう言
ってフランソワーズは微笑む。「16区で3人の娘たちを育てるのは楽しかったわ。
住まいは地下鉄9番線ラスラグ駅のすぐそば。娘たちはラ・ポンプ通りの学校に
通い、週末になるとブーローニュの森まで一緒に散歩したものよ。毎日63番のバ
スに乗ってボーヌ通りの店まで行ったわ。店は、ここのすぐそばよ。ラ・ミュエ
ットからオーステルリッツまでの道のりは、本当に美しいわ。家族でモスクワに
暮らしたこともあるの。でもやっぱり、今でも一番うっとりしてしまうのは、パ
リね。パリの町なら何でも楽しいわ。人混みだって気にならない。この町で文句
を言って暮らす人の気が知れないわね」。フランソワーズは散歩が好き。セーヌ
川を渡り、チュイルリー公園で愛犬を散歩させ、リヴォリ通りのデパートＢＨＶま
で歩いていく。「このコースは最高よ。それから、朝の9時に2区のサンティエ
のあたりを歩くのも好き。この町は、多様性にあふれていて本当に素晴らしいわ。

200

Quartier de la rue du Bac

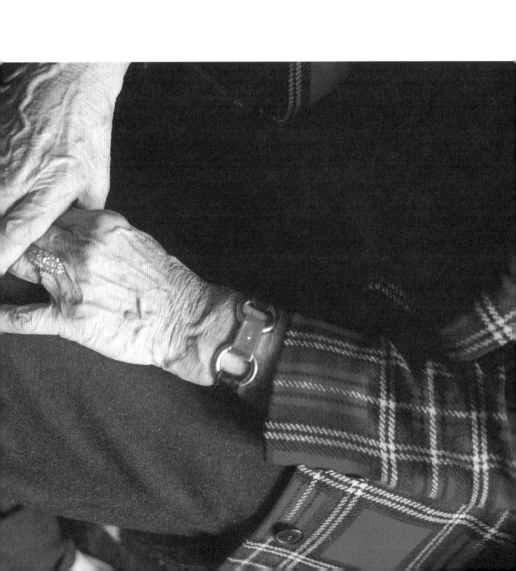

もう他の町で暮らすなんて想像できないの。そんなにあちこち出歩いて楽しむことはできないけど、でもパリの町があって、その気になれば出かけていくことができるって考えるだけで、幸せな気分になれるの」。

　彼女の青春時代の話を聞きたくて仕方なかった。1960年代のパリがどんなだったか知りたかった。「私はあまり、ナイト・クラブに行ったりしなかったわ。あの頃は、シャンゼリゼで遊んでた。午後になるとドラッグストアに行って、ソーダを飲むのがはやりだったのよ。それから、サプライズ・パーティにもよく行ったわ」。当時どんなファッションを楽しんでいたかたずねると、フランソワーズは夫のアンドレの方を振り返った。「ブリジット・バルドーだよ」。アンドレが迷うことなくそう言うと、フランソワーズは、そうかしら？　という風に肩をすくめた。そして、確かにBB風の大きなシニョンを結ってはいたけれど、どちら

かと言えばエヴァ・ガードナーやオリヴィア・デ・ハヴィランドといったアメリカの女優の方が好きだった、と言う。フランソワーズは、学生時代のことを話してくれた。「ソルボンヌ大学の文学部に通っていたわ。当時の女学生はおしゃれだったわね。みんな手袋をはめて、ハイヒールを履いて、首元にはシルクのスカーフを巻いて登校したものよ」。

　その時だ。フランソワーズが、きわめてパリ的な発言をした。「私、服には興味があるんだけれど、ファッションにはあまり関心がないのよ」。それはどういうことか、もう少し説明してもらうと、とてもシンプルなことだった。彼女は、洋服を探してわざわざショッピングに出かけることがない。彼女のワードローブのほとんどは、散歩の途中に通りかかったウィンドウで見かけ、気に入って買ったものばかりだ。そしてそれは大抵、古着屋でのことなのだ。「ベリー地方にある田舎の家のそばに、慈善団体のリサイクル洋服屋さんがあって、そこで結構いいものが安く見つかるのよ。今着てるジャケットは、15年前に買ったもの。そこら中穴あきだったのを、直したのよ」。フランソワーズは縫い物ができる。「でも、裁断の方はさっぱりダメなの」と、付け加える。刺繍も編み物もできる（娘のアレクサンドラは、カシミアセーターのブランドを展開しているが、品質を厳しく見極める母親の目がなければ、それは実現しなかっただろうと言っている）。それなのに、「結局、工作のように切り貼りしているようなもの」と、謙遜する。ベリー地方にある別荘のことを「田舎の家」と呼び、毎週末車で行く。彼女の愛犬が、電車に乗るのが嫌いだからだそうだ。「45歳とか50歳になったら、その途端に自分の庭が欲しくなるわ。見てなさい！」と、優しくからかうように私たちに言う。フランソワーズは、「靴」という時「godasses」というスラングを使う。耳元を飾るピンクパールのヴィンテージ・イヤリング。その色と同じ上品な色の口紅を塗った彼女の口から、スラングが出てくるのが意外で、それが、新鮮なシックさを生み出していた。

　今、フランソワーズには４歳から17歳まで９人の孫がいる。夏には、一度にその９人全員の面倒を見ることもある。「田舎の家」に孫たちを迎え、テニスに連れて行ったり、絵画やお菓子作りの教室を企画したりする。「最初の孫が生まれた時、なんだか変な感じがしたわ。だって、赤ちゃんがいるのに、自分の子じゃないんですもの。でも、それにももう慣れたわ。今では、あの子たちと、仲良く楽しくやっているわ」。

Notre Paris. 私たちのパリ

ディナーを食べに出かけよう

　ジャンヌは生まれながらのおいしいもの好き。そんな彼女が、ディナーのために訪れる、お気に入りのレストランを紹介。

À Montmartre *avec* **Lamia Lagha**

18区　モンマルトル

ラミア・ラーガ

ヌーヴェル・ヴァーグ
真っ赤なパンツ
アルフレッド・ドゥ・ミュッセの戯曲
地上を行く地下鉄

　ラミアは、7年半前からパリに住んでいる。彼女の小さなステュディオ（ワンルームのアパルトマン）は、モンマルトルの丘の坂の途中にある。この辺りは、毎日たくさんの観光バスが、映画『アメリ』の舞台となった古き良き雰囲気を残すパリを目当てにやってくる。ラミアは、この地区が大好きだ。「ちょっと田舎の村みたいなところが好きなの」。そう言って彼女は微笑む。「夜、ひとりでこのあたりを散歩するのが好き。左に行けば、ピガール。セックスショップが並び、売春婦たちが集まる、ちょっとけばけばしい歓楽街。そしてここからほんの2ブロック行けば、そこは瀟洒な落ち着いたパリ。高級食料品店や暖房のきいたカフェのテラスがあるような、シックなパリよ」。

　ラミアはデザイナー。これまで「ジャン・シャルル・ドゥ・カステルバジャック」などパリの一流ブランドで仕事をし、今は若手ブランド、「ジャックムス」で働いている。ブランドのクリエイター、シモン・ポルトゥ・ジャックムスは、ジャンスの親しい友人。ジャンスはラミアに会った途端、彼女のほっそりとしたシルエットや信じられないくらいエレガントな服のコーディネートに恋をした。インタビューの日も、ラミアは頭から足の先まで全身赤のコーディネート。1950年代のファッション・グラビアから抜け出したみたいなオーラを感じさせ、まばゆいばかりの美しさだった。窓の外は、雨。日照時間が短い2月のパリらしい、

灰色の空が広がっていた。なのに、ラミアを見ていると、外がそんな天気であることも、忘れさせられてしまう。

　大人になってからパリに住み始めた人の多くがそうであるように、ラミアもこの町で生活することをずっと夢見てきた。生まれたのは、ドイツのドルトムント。けれど、一番長く暮らしたのはベルリンだった。両親はともにチュニジア人。「なんだかいつも、どっちつかずの落ち着かない感じがあったわ。チュニジアにいる時は、自分はドイツ人なんだと感じたし、ドイツでは、やっぱりチュニジア人だって感じてた。家では、自分のルーツであるチュニジアの文化に浸って生活してたわ。父は、いつも励ましてくれた。『いいかい、この世界はお前のものだよ、お前にはなんだってできるんだ！』って。娘の私に、アラブ人らしい誇り高さを教えようとしているように見えた。でも、やっぱり私は自分にはドイツ人らしさも根強くあることに気づいていたの。ベルリンはお気に入りの町。特に夏が素敵よ」。パリに憧れ始めたのは、子どもの頃。もうその頃にはファッションに夢中だった。モードの世界でキャリアを築いていくことを夢見て、むさぼるように、1950年代のカルチャーを吸収した。「ヌーヴェル・ヴァーグの映画とか、ジャック・タチ、ジャン・リュック・ゴダールの映画がとにかく好きだった。あの時代のフランス女性に夢中だったわ。シンプルでとにかくシックな服の着こなしが素敵だった。しゃべり方もそう。そういう、ロマンティックでノスタルジックなものに、夢のようなあこがれを抱いていたの。そして、そういう雰囲気って、パリにしかないんじゃないかって思ってた」。パリとの初めての出会いは、修学旅行の時。ラミアは17歳だった。パリの町に一目で恋に落ちた時のことを、昨日のことのように思い出す。「どしゃぶりの雨だったわ。今日よりももっとひどい雨。でも、私は目がくらむ思いがしたの。町中が光にあふれていたわ。壮麗なオスマン様式の建物。そこかしこから聞こえてくるフランス語。まわりの風景や音に吸い込まれてしまうような気がしたわ。そして思ったの。いつか必ずこの町で暮らす、って」。

　ドイツのデュッセルドルフでファッション・デザインを学んだ後、ラミアはついにパリに移り住むことを決意する。22歳の時だった。パリに知り合いはひとりもいなかった。ただ、パリ東部のとある家族のところで、住み込みのベビーシッターを1年やって帰ってきた友人がいた。彼女からその家族の連絡先をもらうと、ラミアはパリに行き、その家で暮らしながら子どもたちの面倒を見始めた。

211 そして、我慢強く仕事の研修先を探し、一刻も早くフランス語が話せるようにな
るために、勉強に励んだ。当時の話をしながら、ラミアはソファの上に固定され
た小さな棚から、1冊のポケット版の本を取り出した。何度も読んだものなのだ
ろう。角が取れて丸くなっている。アルフレッド・ドゥ・ミュッセの戯曲『戯れ
に恋はすまじ』だった。当時ラミアは、この本を夢中になって読みながら、フラ
ンス語の勉強をしたのだ。

　パリでの生活が一変したのは、「アメリカン・アパレル」のブティックでの仕
事を見つけ、ベビーシッターの仕事をやめることができた時だった。「突然何も
かもがガラッと変わったの。それまではひとりぼっちだったのに、ある日から突

然、いろいろなパーティに招待され始めたのよ。ほんの数か月のうちに、パリの
ファッションシーンのあらゆる場所に行って、あらゆる人物に出会ったわ。パリ
のそういうところ、すごく不思議だなあって思うの。大きな町の中でポツンと孤
独に暮らしていたかと思ったら、次の日には世界を自分の手の中におさめたよう
な気がするんですもの」。ラミアはそこからさらに飛躍を続け、クリエイターの
クリス・ヴァン・アッシュのもとで研修するチャンスをつかんだ。

　彼女は今、自分のことを本当にパリジェンヌだと感じているだろうか？　「そ
の質問をされるたび、こう答えているわ。私は世界市民なのって。もちろん、今、
パリは私が暮らす町よ。でも、イスラム教徒にとっては、ここでの暮らしは必ず
しも簡単なものではないわ。今まで起こったテロのことで、非難を受けることは
しょっちゅうよ。まるで、自分を正当化するために、その問題についてどう思っ
ているか、いつでもちゃんと説明できないといけないような気持ちにさせられる
の。すごく悲しいわ」。パリの町を見つめる彼女の目は、あくまでも冷静で聡明
だ。この町では、不当なことが日常的に起こっている。彼女の住まいからすぐそ
ばのところにある、地上を走る地下鉄の高架下。そこで寝起きする移民たちの運
命を思うと、彼女は胸が痛くなる。そして、パリ市内と郊外との間の不平等な格
差にもショックを受けている。「だから、私は社会活動にかなり積極的に参加し
ているわ。難民の受け入れや、ホームレスの支援をする団体を手伝っているし、
セーヌ・サン・ドゥニ県の青少年施設でボランティアもしているの。もっといろ
いろとやりたいんだけど、この国では、何かを率先してやろうとすると、とてつ
もないほど大量の書類を用意しなくてはならないのよ。ベルリンでは違うわ。そ
れだけは確かね」。パリジェンヌに関しては、今でもその正体を知ろうと興味は
尽きなそうだ。「パリの女性たちって、いつでも瞳の奥に、メランコリーをたた
えているの。はじめの頃、どこかに行って『ボンジュール！』って元気よく挨拶
しても、誰も返事してくれないのが不思議だった。どうしてなんだろうって。だ
から、パリの人たちはお高くとまってるんだって思ってたわ。でも、今はわかる
の。あれは、うわべだけなんだって。パリでは大変な時期もあったわ。でも、そ
んな時、必ず、私を助けようとしてくれる人たちがいたのよ」。

Notre Paris. 私たちのパリ

パリの町を歩こう

パリに隠されたどんな秘密も、一風変わった場所も、ロマンティックな場所も、見逃さずに楽しんで。1区から20区までのそんなスポットをご紹介。

1区 *La librairie Galignani*
（ガリニャーニ書店）厳しい目で選ばれた本の数々。寄木張りの床にしみこんだワックスの香り。
224, rue de Rivoli

2区 *La Comédie-Française*
（コメディ・フランセーズ劇場）小さなチケット売り場では、開演1時間前から5ユーロで見られる席が売り出される。
Place Colette

3区 *Le Centre culturel suédois*
（スウェーデン文化センター）歴史の感じられる敷石の中庭で、サーモン・マリネのサンドウィッチを食べるのがおすすめ。
11, rue Payenne

4区 *Le square Barye*
（スクワール・バリー）サン・ルイ島の東端に位置する小さな広場。柳の木陰でロマンティックなお昼寝を楽しむ。
2, boulevard Henri IV

5区 *La piscine Pontoise*
（ポントワーズ・スイミングプール）プールを見下ろす個室の更衣室で水着に着替えるだけでも最高に楽しい。
19, rue de Pontoise

6区 *La place Fürstenberg*
（フュルステンベルグ広場）夜には街燈が灯り、春には桐の花がピンク色に咲き誇る。
Rue de Fürstenberg

7区 *Le musée Rodin*
（ロダン美術館）敷地内の公園のベンチで本を読む。
79, rue de Varenne

8区 *La maison de Loo*
（メゾン・ドゥ・ルー）オスマン様式の建物が並ぶ8区の真ん中に、東洋の寺院のような建物を見つける驚き。ここは20世紀初頭に、中国が大好きだった美術愛好家が建てたプライベートミュージアム。
48, rue de Courcelles

9区 *Le musée de la Vie romantique*
（ロマン主義博物館）ジョルジュ・サンドが所有した数々の宝石が展示されている。庭を散策するのも素敵。
16, rue Chaptal

10区 *Le passage Brady*
（パッサージュ・ブラディ）おいしいカレーが食べられる。露店で、お香やジャスミンライスを買うのも楽しい。
46, rue du Faubourg Saint-Denis

11区 *Le Perchoir*
（ル・ペルショワール）パリの町の全景を眺めながら、ワインを楽しむ。
14, rue Crespin du Gast

12区 *La coulée verte*
（ラ・クーレ・ヴェルト）パリで一番新しい橋、シモーヌ・ドゥ・ボーヴォワール橋まで車に出会わず散歩できる緑豊かな散歩道。

13区 *Le quartier de la Butte-aux-Cailles*
（ビュット・オ・カイユ地区）サンク・ディアマン通りを歩きながら、田舎の村にいるような錯覚に陥ることができる。

14区 *La galerie photo Camera Obscura*
（カメラ・オブスクーラ・フォト・ギャラリー）サラ・ムーン、ウィリー・ロニ、マルク・リブーなどの写真作品が見られる。
268, boulevard Raspail

15区 *Le tennis de la Cavalerie*
（テニス・ドゥ・ラ・カヴァルリ）エッフェル塔を見ながら、アール・デコ建築の16階でテニスができる。
6-8, rue de la Cavalerie

16区 *Le jardin du Panthéon bouddhique du musée Guimet*
（ギメ美術館、ル・ジャルダン・デュ・パンテオン・ブディック）ギメ美術館の日本庭園。250もの日本の美術品が集められた、静寂の楽園。
19, avenue d'Iéna

17区 *Le marché Poncelet*
（マルシェ・ポンスレ）毎日開かれる市場。信じられないくらいおいしいソーセージ、ハム、チーズ、スイーツがそろっている。
rue Poncelet / rue Bayen

18区 *La Recyclerie*
（ラ・ルシクルリー）廃駅を再利用したレストラン。ベジタリアン・ランチや、環境に配慮した食材を使った料理が楽しめる。
83, boulevard Ornano

19区 *La butte Bergeyre*
（ビュット・ベルジェール）ビュット・ショモンの丘にある小さな一角。入り組んだ小さな通りで道に迷うのも楽しい。ここには、パリに4つあるワイン畑のひとつがある。

20区 *La rue Piat*
（ピア通り）ベルヴィル広場の上から、パリの町の一番美しい風景が見られる。

Merci

Amélie, Nathalie, Patricia, Charlotte, Fanny, Sophie, Jesus, Noemi, Valentine, Emily, Dora, Lola, Dorine, Sylvia, Crystal, Lucie, Anna, Zoé, Françoise, Lamia
この本のパリジェンヌとして、登場してくれることを引き受けてくれてありがとう。
あなたたちとこの本を作ることができて、光栄に思います。

Michaëla Thomsen, Alexandre Guirkinger, Soko, Saskia Gruyaert, Marieke Gruyaert, Jessica Piersanti, Jean Picon, Jordan Henrion, Sabina Socol, Octave Marsal, Simon Porte Jacquemus, Balthazar Petrus, Eléonore Toulin, Florence Tétier, Claire Margueritte, Chloé Dupuy, Emanuele Fontanesi, Valentina Moreno, Nino, Alice Aufray, Arthur, Inès Mélia, Agnete Havgaard Christensen, Louise Damas, Lila Cardona, Lola Palmer, Mona Walravens, Pierre-Louis Leclercq
惜しみなく、楽しく、様々な協力をしてくれて、ありがとう。

Chloé Deschamps
私たちの大好きな編集者。このパリでの旅の間、いつもそばにいてくれてありがとう。
Matthieu Rocolle
私たちらしいページデザインをしてくれてありがとう。
Nina Koltchitskaia
いつもカメラを手に、私たちの取材に付き合ってくれてありがとう。
Jürgen Lehrer
たくさんの親切な助言をありがとう。

Aux Deux Amis, Café de Flore, Hôtel des Saints-Pères
取材中私たちに場所を提供してくれて感謝します。

そして、
Pascale Damas, Brigitte Bastide
私たちの母であり、大好きなパリジェンヌの二人に感謝を。

Profil

ジャンヌ・ダマス　Jeanne Damas
モデル、女優、ファッション・ブランド「Rouje」創設者。さ
まざまな雑誌、ブランドから注目される、現代のパリを代表する
アイコン的存在。2017年、ギヨーム・カネ監督の映画に女優と
して出演。米『フォーブス』誌の「次世代を担う30歳未満の30
人」に選出された。現在130万人以上のインスタグラムフォロワ
ーは、今なおその数を増やし続けている。
インスタグラム@jeannedamas

ローレン・バスティード　Lauren Bastide
ジャーナリスト、仏版『ELLE』元編集長。TVキャスターを経
て、2016年、インディペンデント・ポッドキャスト制作会社
「Nouvelles Écoutes」を設立。自らの番組「La Poudre」は、
影響力を持つ女性たちに人生や社会での役割について語ってもら
うインタビュー番組で、フランスのインディペンデント・ポッド
キャストとしてナンバーワンの視聴者を持つ。
www.nouvellesecoutes.fr/la poudre

徳山素子　Motoko Tokuyama
翻訳家、フランス語講師。東京外国語大学フランス語学科卒業。
東京大学大学院修士課程修了。パリ第3大学留学。アート、ファ
ッション、ビューティ関係の翻訳多数。訳書に、フランス国内で
累計300万部以上の実績を誇る、新進人気小説家アニエス・マル
タン＝リュガンの『縫いながら、紡ぎながら』（TAC出版）他。

日本語版デザイン　三上祥子（Vaa）
日本語版編集　　　村上妃佐子（アノニマ・スタジオ）

パリと生きる女たち

2020年8月5日　初版第1刷発行
2021年4月12日　初版第2刷発行

著者　　　ジャンヌ・ダマス／ローレン・バスティード
発行人　　前田哲次
編集人　　谷口博文
　　　　　アノニマ・スタジオ
　　　　　〒111-0051　東京都台東区蔵前2-14-14 2F
　　　　　TEL. 03-6699-1064　FAX. 03-6699-1070
発行　　　KTC中央出版
　　　　　〒111-0051　東京都台東区蔵前2-14-14 2F
印刷・製本　シナノ書籍印刷株式会社

アノニマ・スタジオは、

風や光のささやきに耳をすまし、

暮らしの中の小さな発見を大切にひろい集め、

日々ささやかなよろこびを見つける人と一緒に

本を作ってゆくスタジオです。

遠くに住む友人から届いた手紙のように、

何度も手にとって読み返したくなる本、

その本があるだけで、

自分の部屋があたたかく輝いて思えるような本を。